मंज़िल की ओर कदम

(गैर-लाभकारी/नॉट फॉर प्रॉफिट किताब)

पवन कुमार

"असुविधा प्रतिभा को प्रभावित जरूर कर सकती है, उसे मार नहीं सकती"

BlueRose ONE.com
Stories Matter
NewDelhi • London

BLUEROSE PUBLISHERS
India | U.K.

Copyright © Pawan Kumar 2024

All rights reserved by author. No part of this publication may be reproduced, stored in a retrieval system or transmitted in any form or by any means, electronic, mechanical, photocopying, recording or otherwise, without the prior permission of the author. Although every precaution has been taken to verify the accuracy of the information contained herein, the publisher assumes no responsibility for any errors or omissions. No liability is assumed for damages that may result from the use of information contained within.

BlueRose Publishers takes no responsibility for any damages, losses, or liabilities that may arise from the use or misuse of the information, products, or services provided in this publication.

For permissions requests or inquiries regarding this publication, please contact:

BLUEROSE PUBLISHERS
www.BlueRoseONE.com
info@bluerosepublishers.com
+91 8882 898 898
+4407342408967

ISBN: 978-93-5989-217-7

Cover design: Muskan Sachdeva
Typesetting: Pooja Sharma

First Edition: May 2024

आभार

पुस्तक को तैयार करने में बहुत सारे स्रोतों का योगदान हैं। इसमें लोगों, किताबों, अखबारों, सेमिनारों, भाषणों से मेरी डायरी में इकट्ठा किये गये नोट्स भी शामिल हैं। कई बार नोट्स बनाते समय भूलवश मुख्य रचना के रचनाकार का नाम नहीं लिखा जा सका, इसके लिये माफी चाहता हूँ। इस गलती को सुधारा जायेगा। बेनामी और नामी, सभी का दिल से आभार प्रकट करता हूँ।

लेखक के बारे में

पवन कुमार लंबे समय से चिकित्सा और इस व्यवसाय से जुड़े हैं। ये 'इंटेंसिव केयर यूनिट प्रभारी (आईसीयू इंचार्ज)' जैसा महत्त्वपूर्ण पद संभाल चुके हैं। ये काउंसलर भी हैं।

पुस्तक के बारे में

यह एक 'नॉट फॉर प्रॉफिट (Not for Profit)' किताब है। इसमें मानसिक अवसाद और उसके समाधान को बड़े विस्तृत ढंग से समझाया गया है। चिकित्सा-व्यवसाय के डार्क साइड के साथ समाज में व्याप्त समस्याओं पर भी इसमें खुलकर बात की गई है। मानसिक समस्याओं से जूझ रहे लोगों के लिये यह पुस्तक वरदान साबित हो सकती है। इसे माता-पिता अपने बच्चों को व दोस्त अपने दोस्तों को गिफ्ट कर सकते हैं।

अनुक्रमणिका

आभार.. iii

लेखक के बारे में.. iv

पुस्तक के बारे में.. iv

अनुक्रमणिका v

आत्महत्या : एक छुपी महामारी 1

मेडिकल माफिया : चिकित्सा-व्यवसाय की त्रासदी................ 56

स्वास्थ्य.. 64

कैंसर 69

मजबूर विधाता... 74

स्वस्थ प्रकृति 77

एक रूह की उलझी कहानी 79

सुन मेरे मालिक 82

आ जाओ, रे हनुमान!.. 82

लड़ाई जारी रहेगी!... 83

सपना 83

नैतिकता ना खो देना 84

सही जवाब 85

तेरा घर भी जल जायेगा! 86

फर्क पड़ता है!... 86

हिंदुस्तान रहने दिया जाये! 88

ओ बादल! पानी बरसा... 89

तूफान बन जाओ, पवन! 89

जग में रहने को क्या बचा है.. 90

v

मैं कुछ लिखता	91
फल पाने दो	92
रिलैक्स	93
कदम बढ़ाओ	94
माँ	95
हार्ट अटैक	96
कीप ऑन!	97
मुलाकात तेरी	97
वजूद	98
बन जा मेरा शिवा	99
आवाज बनकर निकल	100
खामोशी का जवाब	101
खुशी	102
अधूरी डायरी	104
और नहीं लिखा जायेगा!	105
भूत	106
अधूरी कविता	117
सोने की चिड़िया फुर्र!	129
राणा प्रताप	131
आजादी की खातिर	132
गद्दारों से कर लो रक्षा	134
इमरजेंसी मीटिंग	136
मेरी डायरी	137

आत्महत्या : एक छुपी महामारी

आज चाहे बीमारी से होने वाली मौतें जरूर कम हुई हों, आत्महत्याएँ पहले से ज्यादा हो गई हैं। एक रिपोर्ट के अनुसार देश में आत्महत्या करने वालों की संख्या, अपराध से मरने वालों की संख्या से पाँच गुणा ज्यादा हैं। हर साल दुनियाभर में करीब 7 लाख लोग सुसाइड करते हैं। इनमें 46 हजार संख्या केवल बच्चों की है। यह बीमारियों से होने वाली मौतों से कहीं ज्यादा है। 2021 में देश में करीब 1.64 लाख लोगों ने सुसाइड किया, तो 2022 में यह आँकड़ा 1.7 लाख को पार कर गया। भारत सरकार के गृह-मंत्रालय के अंतर्गत आने वाली सरकारी एजेंसी 'एनसीआरबी' के अनुसार 1967 में एनसीआरबी द्वारा सुसाइड की रिपोर्टिंग शुरू करने के बाद से देश में अब तक दर्ज की गई वार्षिक सुसाइड की ये सबसे अधिक संख्या है। इसके अलावा भी कितने ही सुसाइड के ऐसे मामले होंगे, जो रिकॉर्ड में नहीं आये होंगे। साल-दर-साल बढ़ता हुआ ये आंकड़ा डराने वाला है। सबसे ज्यादा सुसाइड, युवा करते हैं। देश में 80-90 प्रतिशत युवा तनावग्रस्त हैं। 'इंटरनेशनल जर्नल ऑफ सोशल साइकेट्री' में प्रकाशित रिपोर्ट के अनुसार, भारत में हर चौथा व्यक्ति मानसिक समस्या से परेशान है। यूनिसेफ की 2021 की एक रिपोर्ट के मुताबिक, देश में करीब 14 प्रतिशत बच्चे डिप्रेशन में हैं। 'इंटरनेशनल एसोसिएशन फॉर सुसाइड प्रिवेन्शन' की रिपोर्ट के अनुसार, भारत में कुल 30 प्रतिशत युवाओं के मन में सुसाइड के विचार बहुत ज्यादा हावी हो चुके हैं। पत्रकार ललित गर्ग लिखते हैं, "ये सब आज के भौतिकतावादी एवं सुविधावादी युग की देन है। तकनीकी विकास ने मनुष्य को सुविधाएँ तो दीं, लेकिन उनसे उसका मानसिक संतुलन छीन लिया। उसे अधिक-से-अधिक मशीन और कम-से-कम मानव में तब्दील कर दिया।" आत्महत्या के विचार पहले पैसिव आते हैं जिसमें किसी प्राकृतिक आपदा, बीमारी या दुर्घटना में जीवन खत्म हो जाने की इच्छा होती है। बाद में ये विचार सक्रिय रूप ले लेते हैं, जिसमें आत्महत्या के विभिन्न तरीके खोजे जाते हैं।

"जब भी कोई महसूस करता है कि उसकी जिंदगी बेकार है, तो वह या तो आत्महत्या करता है या यात्रा। प्रश्न ये है कि लोग दूसरा रास्ता क्यों नहीं अपनाते?" - एडवर्ड डहलबर्ग

"कोई भी संस्कृति आत्महत्या से मरती है, हत्या से नहीं" - टायन्वी

आत्महत्या के विचार तब आने लगते हैं, जब किसी को लगता है कि वह किसी गंभीर स्थिति का सामना करने में सक्षम नहीं है। लोग अपने दर्द को खत्म करने के लिये आत्महत्या करते हैं। जब भी कोई समस्या आती है, अपने साथ समाधान भी लेकर आती है। जो लोग निराश हो जाते हैं, उन्होंने समस्या का समाधान करने का संकल्प नहीं किया होता। ये लोग अपनी शक्तियों को नहीं जान पाते हैं। कई बार तो सिर्फ लालच की वजह से खुद को मार देते हैं। जब बच्चे थे तो पास में कुछ भी नहीं था, फिर भी खुश थे। अधिकतर दुखों का कारण 'लालच' है। आचार्य रजनीश के अनुसार, "तुम्हारे पास आँख-कान नहीं होते, तो हरियाली देखने व संगीत सुनने के लिये कितने रुपए दे सकते थे? मगर ये होते हुए भी क्या तुमने कभी हरियाली देखी? कभी खिलते हुए फूल देखे? कभी संगीत का आनंद लिया? कभी चाँद-तारों पर नजरें दौड़ाई? अगर गूँगे होते, तो रोते कि हे प्रभु! तुमने मेरे साथ ऐसा क्यों किया? काश! मैं बोल पाता कि मुझे तुमसे प्रेम है। गलती हमारा मन करता है और सजा हम शरीर को दे देते हैं। तुम जीवन के खिलाफ नहीं हो। तुम आत्महत्या इसलिए कर रहे हो क्योंकि ये जीवन वैसा नहीं है, जैसा तुम चाहते थे। जीवन में सभी माँगें किसी की पूरी नहीं होतीं। किसी के पास धन है, तो हो सकता है कि वह सुंदर ना हो; जो सुन्दर है, हो सकता है कि वह बुद्धिमान न हो। जीवन का अज्ञान ही आत्महत्या का कारण बन जाता है।"

"जहाँ डिजायर व फियर हैं, वहाँ खुशी नहीं हो सकती। किसी ऑब्जेक्ट से जुड़े हुए आनंद पाने के तरीके मात्र कुछ वक्त के लिये खुशी दे सकते हैं। मैच देखने वाले तीन तरह के लोग हैं - पहले 'ए टीम' को; दूसरे 'बी टीम' को जीतते देखना चाहते हैं और तीसरे वे लोग, जिन्हें किसी भी टीम के जीतने से कोई फर्क नहीं पड़ता। वे बस मैच का मजा ले रहे हैं। अब तीनों के सुख-दु:ख अलग-अलग हैं और ये उनकी इच्छाओं की वजह से है। खुशी की सच्चाई की बात करें, तो वास्तविक खुशी तो गहरी नींद लेने में है क्योंकि गहरी नींद में 'कॉन्शियस व सबकॉन्शियस', दोनों माइंड रिलैक्स स्टेट में चले जाते हैं। ऐसा सिर्फ नींद के दौरान ही होता है। बहुत से लोग सोचते हैं कि मैं एक सुपर मनुष्य हूँ, जो कभी निराश या उदास नहीं होता, लेकिन यह सच नहीं है। कोविड के समय से मैं डिप्रेशन से लड़ रहा हूँ। इस अनुभव से मैंने सबसे महत्त्वपूर्ण सबक सीखा कि आप अपने स्वास्थ्य को हल्के में नहीं ले सकते।" - संदीप माहेश्वरी

डॉ. आयुष पांडेय के अनुसार, **'संपर्क, संवाद और देखभाल (कॉन्टैक्ट, डायलॉग एंड केयर)'**, ये तीन शब्द आत्महत्या को रोकने में मूल मंत्र साबित हो सकते हैं।

1. खुद को मजबूत बनायें

मुसीबत हर जीवन में है। इससे लड़ने के लिये जरूरी रक्षात्मक-प्रणाली या डिफेन्स-मैकेनिज्म को मजबूत बनाना होगा। अभावों में पले-बढ़े बच्चे का डिफेन्स-मैकेनिज्म सुविधाशाली बच्चे से कहीं बेहतर होता है। इसलिए, बच्चों को हर तरह की सुख-सुविधाएँ देकर उन्हें पंगु बनाने की बजाय संघर्ष करने का मौका दें, ताकि वे जिंदगी का इम्तिहान मजबूती के साथ दे सकें। अगर किसी को कुछ अलग कार्य करने का मौका मिल रहा है, तो वह भाग्यशाली है। ऐसे मौके हर किसी को नहीं मिलते। उन्हें 'न' मत बोलिए क्योंकि आप नहीं करेंगे, तो भी कार्य को पूर्ण होना है। कार्य को 'न' कहकर आप खुद चलकर आये हुए अवसर को ठुकरा देते हैं। दुर्घटनावश कोई प्रियजन बिछड़ गया है तो दु:ख होगा लेकिन इस दुनिया में कोई हमेशा के लिये नहीं आता। जब तक यहाँ हैं, यहाँ की जिम्मेदारियाँ निभायें, जब इनसे मुक्त हो जायेंगे, तो खुद ही उनके पास चले जायेंगे। अलगाव सबकुछ नहीं छीन सकता। इसके बाद भी उस इंसान से जुड़ा हुआ बहुत कुछ रह जाता है। लेखक लिखते हैं, "जब मेरे साथी अपना भविष्य सँवारने के लिये कोटा, जयपुर या दिल्ली जाने की तैयारी कर रहे थे, उस समय मैं भी एक तैयारी कर रहा था - खुद को सँभालने और जिंदा रखने की तैयारी! उन दिनों कुछ ऐसे साथियों का साथ छूट गया, जो नहीं छूटना चाहिये था। उसको लेकर कभी-कभी दु:ख होता है, लेकिन इसके लिये हर दिन शोक नहीं मनाया जा सकता। जब तक जिंदगी है, मिलना-बिछड़ना लगा रहेगा। बुरा वक्त भी गुजर जाता है, लेकिन उस दौरान गुस्से में लिये गये फैसले काफी नुकसान कर जाते हैं। इसलिए, ऐसे में कोई भी कदम बड़ी समझदारी से उठाना चाहिये क्योंकि उन हालातों में हम क्या कर रहे होते हैं, ये हमें भी नहीं पता होता। जब भँवर शांत होता है और चीजें समझ में आती हैं, तब तक बहुत देर हो चुकी होती है। आज कई साथी बहुत आगे निकल गये हैं। उनकी अपनी यात्रा थी, उन्हें जीत मिली क्योंकि वे इसके हकदार थे लेकिन हारा मैं भी नहीं क्योंकि अगर वे सफल हैं, तो मैं जीवित हूँ।"

"यदि पीड़ित चाहे, तो उसे अपना जीवन समाप्त करने का अधिकार होना चाहिये, लेकिन मुझे लगता है कि यह बहुत बड़ी गलती होगी। जीवन कितना भी बुरा क्यों न लगे, आप हमेशा कुछ-न-कुछ कर सकते हैं और उसमें सफल हो सकते हैं। मैं पिछले 49 वर्षों से जल्द मृत्यु की संभावना के साथ जी रहा हूँ। मैं मौत से नहीं डरता, लेकिन मुझे मरने की कोई जल्दी भी नहीं है। मेरे पास बहुत कुछ है, जो मैं करना चाहता हूँ। हालाँकि मैं हिल नहीं सकता और मुझे कंप्यूटर के माध्यम से बोलना पड़ता है, लेकिन अपने दिमाग में मैं स्वतंत्र हूँ। ब्रह्मांड के बुनियादी नियमों में से एक नियम यह है कि कुछ भी पूर्ण नहीं है। अन्य विकलांग लोगों को मेरी सलाह होगी कि उन चीजों पर ध्यान केंद्रित करें, जिनमें आपकी विकलांगता आपको

अच्छा प्रदर्शन करने से नहीं रोकती। अगर आप फँस जाते हैं, तो क्रोधित होना कोई अच्छी बात नहीं है। कभी-कभी मुझे आगे का रास्ता देखने में कई साल लग जाते हैं। बुद्धि परिवर्तन के अनुकूल ढलने की क्षमता है, अगर जीवन मजेदार न होता तो दुखद होता।" - साइंटिस्ट स्टीफन हॉकिंग

जेल गये बेगुनाहों की कहानी

एक मर्डर के आरोप में पुलिस, तीन युवकों को गिरफ्तार करती है। इनमें दो तो सगे भाई थे व एक उनका दोस्त था। इस जुर्म में तीनों को मौत की सजा दी गई। जब मामला अपर कोर्ट में गया, तो सजा को उम्रकैद में बदल दिया गया। करीब 28 साल बाद इनमें से एक के अच्छे व्यवहार को देखते हुए, उसे पेरोल पर रिहा कर दिया गया। इसी दौरान एक न्यूज जर्नलिस्ट जब इस केस पर स्टडी करता है, तो उसे लगता है कि केस में कुछ चीजें गलत हैं। उस जर्नलिस्ट के प्रयास से सच्चाई सामने आई। घटना के करीब 37 साल बाद केस पर फिर से सुनवाई शुरू हुई। तीनों युवक, जिन्हें सजा दी गई थी, वे बेकसूर थे। सुनवाई के दौरान अदालत ने इसे बेहद अफसोसजनक बताया और कहा, "पीड़ित खुद बतायें कि अदालत उनके लिये क्या करे।"

"छिप-छिप अश्रु बहाने वालों, मोती व्यर्थ बहाने वालों;
कुछ सपनों के मर जाने से, जीवन नहीं मरा करता है।।" - गोपालदास नीरज

"जिंदगी और मौत के बीच लटके हुए बेहद खूबसूरत उस हिरण के लिये मैं प्रार्थना करता रहता कि भगवान उसे जल्दी स्वस्थ कर दे क्योंकि वह मुझे बहुत प्रिय था। एक दिन जब मैं सो रहा था, तो वह मेरे सपने आया और मुझसे बोला - "अब मैं जाना चाहता हूँ। मुझे जाने दो!" मेरे मुख से निकला - "तथास्तु!" तभी मेरी आँखें खुल गई। मैं कमरे के उस कोने की ओर दौड़ा, जहाँ मैंने हिरण को रखा था। उसने उठने का एक आखिरी प्रयास किया। वह मेरी तरफ लड़खड़ाया और दम तोड़ते हुए मेरे कदमों में गिर गया। उसका जीवन समाप्त हो गया था। वह उच्च कुल में जाने के लिये तैयार हो गया था। मेरी गहरी आसक्ति या मेरे स्वार्थ और प्रार्थनाओं ने उसे पशु के रूप में रखा हुआ था, जिससे मुक्त होने के लिये उसकी आत्मा तड़प रही थी। वह मेरे सपने में आया और मुझसे इसका अनुरोध किया क्योंकि वह मेरी सप्रेम अनुमति के बिना जाना नहीं चाहता था। जैसे ही मैं मान गया, वह चला गया। मेरा दुःख दूर हो गया था। स्वामी श्रीयुक्तेश्वर, संसार-त्याग की धारणाओं पर व्यंग्य करते थे। वे कहते - भिखारी संपत्ति का त्याग नहीं कर सकता। यदि कोई मनुष्य विलाप करता है कि अपने काम या परिवार की वजह से मैं संसार त्यागकर आश्रम में चला जाता हूँ, वह किस संसार-त्याग

की बात कर रहा है? उसने किसी संपत्ति या प्रेम का त्याग नहीं किया, बल्कि संपत्ति व प्रेम ने उसका त्याग कर दिया।" - ऑटोबायोग्राफी ऑफ अ योगी

"हमारी सेनाएँ उत्तरी अफ्रीका में जीत का जश्न मना रही थीं। उस दौरान मुझे अपने भतीजे की युद्ध में मृत्यु की सूचना मिली। मुझे मेरा जीवन ही बेकार लगने लगा। मैं इतनी परेशान थी कि नौकरी छोड़ने के लिये जरूरी कागजात ढूँढ रही थी। उस दौरान मुझे उसका पत्र मिला, जो उसने मेरी माँ की मृत्यु पर मुझे लिखा था। मैंने उसे बार-बार पढ़ा। मुझे लगा कि वह मेरे सामने खड़ा होकर कह रहा है - आप वह क्यों नहीं कर रही हैं, जो आपने मुझे सिखाया। जो होना था, हो गया, मैं उसे बदल नहीं सकती थी। मैं एक माँ की तरह सैनिकों को पत्र लिखने लगी। अब मैं खुश थी।" - एलिजाबेथ (हाउ टू स्टॉप वरी एंड स्टार्ट लिविंग)

आईपीएस बजरंग प्रसाद यादव बताते हैं - "मेरे पहले अटेम्प्ट से पहले मेरे पिता की हत्या कर दी गई थी। मेरे तीसरे अटेम्प्ट के मेन्स एग्जाम के कुछ दिन पहले एक रोड ऐक्सिडेंट में बाबा की मृत्यु हो गयी। मैं घर जाना चाहता था, लेकिन मुझे रोक दिया गया कि तुम्हारा मेंस का एग्जाम बहुत नजदीक है। मेरे नानाजी, मेरे परिवार के हालात से बहुत दुखी थे और रोते रहते थे। वो जब भी मुझसे बात करते, तो कहते - एक बार चले आओ, नहीं तो रोओगे क्योंकि पिछले साढ़े तीन साल से मैं घर नही गया था। छः तारीख को मेरे मेन्स का रिजल्ट आता है और सात को वे भी दुनिया छोड़कर चले जाते हैं। मैं बहुत परेशान रहता था। जिन लोगों के लिये मैं कुछ करना चाहता था, वे ही एक-एक करके साथ छोड़ते जा रहे थे लेकिन मैंने खुद को समझाया, मोटिवेट किया कि लक्ष्य बड़ा है, तो संकट तो आयेंगे ही। भगवान मुझे आजमा रहे हैं।"

कण-कण में बसी है जिंदगी!

किस्मत ऊपर से लिखी जाती है, यह तो वहम है;
जमाने ने अपनी तकदीर खुद लिखी है!

उतार-चढ़ाव जिंदगी का हिस्सा है, इनसे बच नहीं सकते!
जब भी फसल काटी गई है, फिर से बोई गई है।

राह में अंधकार है, तो क्या हुआ?
उजाले की उम्मीद हमेशा रही है।

जिसको ढूँढते हुए, तू इतनी दूर आ गया;
मंजिल मिल ही जायेगी, वह भी यहीं कहीं है।
सैद्धांतिक या व्यवहारिक, जैसे चाहोगे, समझ जाओगे;
घने जंगल में लगी आग, नई वनस्पति की जन्मदात्री रही है।

सागर और तरणी का तो जन्मों का साथ है,
किसने कह दिया, समंदर ने नौका डुबो दी है?

अपनी कमजोरी को ही, जीने की वजह बना पवन;
जिंदगी बेवफा नहीं हो सकती, ये तो कण-कण में बसी है!

"जब मुझे पता चला कि मैं एचआईवी पॉजिटिव हूँ, तो लगा सबकुछ खत्म हो गया है। मैंने पढ़ाई छोड़ दी; सरकारी नौकरी लगी, उसे भी ठुकरा दिया। सोचती थी कि अब जीना ही कितने साल है और जब जीना ही नहीं है, तो पढ़-लिखकर, जॉब करके क्या करना है। मैं कई साल तक डिप्रेशन में रही। मैं अपना टाइम काउंट करती रहती कि मुझे कब मरना है। समाज के बदले व्यवहार और खुद के डिप्रेशन की वजह से मेरी भी सुसाइड करने की इच्छा हुई। कुछ लोग ऐसा कर भी लेते हैं। कुछ सालों बाद मैंने अपनी पढ़ाई फिर से शुरू की। मेरे काम को देखकर लोग जागरूक हुए। उनकी समझ में आया कि पीड़ित के साथ ऐसा व्यवहार नहीं किया जाना चाहिये और दूसरे पीड़ित भी इससे मोटिवेट हुए।" - पूजा मिश्रा (एचआईवी सर्वाइवर, असिस्टेंट डायरेक्टर, एड्स कंट्रोल सोसायटी)

"बीमारी शरीर और मन की बातचीत है। ये मन से शुरू होकर 'शरीर' को या शरीर से शुरू होकर 'मन' को प्रभावित कर सकती है। ज्यादातर लोग दर्द से घबरा जाते हैं क्योंकि उन्हें दर्द का ज्ञान नहीं है। दर्द, शरीर के जादू का हिस्सा है। ये वह तरीका है, जिससे शरीर, शरीर को संकेत भेजता है कि कुछ गड़बड़ है। जीवन की त्रासदी, मृत्यु नहीं है। सबसे बड़ा नुकसान ये है कि हम जीते जी अपने अंदर मर जाते हैं। हर बीमारी को दूर नहीं किया जा सकता। लोग बीमारी से शरीर को जरूरत से ज्यादा खराब कर देते हैं। वे बेवजह अंदर घुस जाते हैं और स्वयं की शक्तियों को कमजोर करते हैं। हमेशा एक सीमा होती है, जिसके भीतर जीवन को अर्थ और यहाँ तक कि बीमारियों के बावजूद कुछ हद तक आनंद के साथ जिया जा सकता है।" - डॉ. नॉर्मन कजीन्स (एनाटॉमी ऑफ अ इलनेस)

कुछ लोग स्वस्थ होकर भी मानसिक रूप से बीमार होते हैं। ये इतने डरपोक किस्म के होते हैं कि बीमारी के प्रति इनका डर पूरी तरह स्वस्थ होने पर भी इनको खुशी से जीवन नहीं जीने देता। ये उनलोगों से बिल्कुल अलग होते हैं, जो स्वास्थ्य के प्रति जागरूक हैं और अपना रूटीन चेकअप करवाते हैं, जो एक अच्छी चीज है।

"यदि आपके पास कोई मिशन नहीं है, तो कोई समस्या नहीं होगी, लेकिन यदि आपके पास कोई मिशन या कार्य है, तो निश्चित रूप से अलग-अलग परिणाम की समस्यायें सामने आयेंगी।" - प्रो. सतीस धवन

बिना जमानत के 7 साल जेल में बिताने वाला पुलिस अधिकारी

"जेल में बहुत सारी चीजें मेरे हाथ में नहीं थीं, जैसे कि अपनी जमानत लेना या अधिकारी के तौर पर कार्य करना, लेकिन मुझे कुछ कार्य करने की आजादी थी। मैंने खुद को उन चीजों पर कॉन्सन्ट्रेट किया, जो मैं कर सकता था। मेरा ज्यादातर समय एक्सरसाइज करने व किताबें पढ़ने पर खर्च होता था। हमेशा उम्मीद थी कि किसी-न-किसी दिन सब चीजें सही होंगी। इस उम्मीद को कभी नहीं छोड़ा। जिस दिन हम यह उम्मीद छोड़ देते हैं, उसी दिन से डिप्रेशन शुरू होता है।" - आईपीएस दिनेश एमएन

महेश्वर पेरी एक ऐसा नाम है, जो बिना डरे सालों तक उस फर्जी शिक्षण संस्था से लड़ते रहे, जो हर तरह से उनसे कहीं ज्यादा शक्तिशाली थी। उन्हें अनेक बार सार्वजनिक रूप से धमकाया गया, देख लेने की धमकी दी गई उनपर फर्जी केस किये गये, ताकि वे डर जायें और खुद को इस मामले दूर कर लें। लेकिन जब आप अपनी जगह सही हैं, तो आपको किसी से डरना नहीं है, चाहे सामने वाला कितना ही ताकतवर क्यों न हो। यही महेश्वर पेरी ने किया। सच और झूठ की लड़ाई सुप्रीम कोर्ट तक पहुँची। आखिर में वह फर्जी किला ढह गया। महेश्वर पेरी कहते हैं, "अगर मुझे डरना और किसी के दबाव में झुकना ही था, तो मुझे इस मामले में शामिल नहीं होना चाहिये था। मुझे किसी बड़े बॉलीवुड स्टार से कोई निजी दिक्कत नहीं है, लेकिन वे (जो बॉलीवुड स्टार इस संस्था की एक तरह की मार्केटिंग का हिस्सा थे) यह जरूर जानते होंगे कि उनका प्रभाव छात्रों को एक गलत संस्थान की तरफ आकर्षित करेगा। मैं चाहूँगा कि किसी दिन एक सेलेब्रिटी को तीन दिन की जेल की सजा हो, ताकि बाकी सेलेब्रिटी ज्यादा सावधान रहें। किसी ब्रैंड के साथ जुड़ने से पहले उसके बारे में अच्छे से पता कर लें।"

टेलर मास्टर के बेटे सूरज का इतना भयानक ऐक्सिडेंट हुआ कि वह अब कभी चल नहीं सकता था। एक्सीडेंट में उसके दोनों पैर व एक हाथ कट जाते हैं तथा दूसरा हाथ बुरी तरह जख्मी हो जाता है। शरीर की दस अंगुलियों में से सिर्फ तीन बचती हैं। यह हादसा सूरज को तोड़ नहीं सका और ऐक्सिडेंट के करीब छः साल बाद सूरज ने यूपीएससी की परीक्षा पास की।

"लकड़ी के फर्नीचर में कई बार गाँठ दिखाई देती है, जो फर्नीचर को सबसे ज्यादा सुन्दर बनाती है। कभी उस पेड़ को कोई बीमारी या दिक्कत हुई थी, जो गाँठ में बदल गई और वो फर्नीचर की खूबसूरती बनी।" - डॉ. विजेंद्र सिंह चौहान

तूफानों से टकरा!

तूफानों से टकरा! अपना हौसला आजमा।
टूट गया तो क्या! तेरे कदमों में होगा जहाँ।

हार-जीत के खेल से खुद को न निराश कर,
मंजिल को भी पायेगा मैदान-ए-जंग में, थोड़ा डट!
मुसीबतें तो आती ही हैं, इतना ना घबरा!
समंदर से भी जंग कर तू, बनकर के कतरा!

गम में भी लबों पर रख थोड़ी-सी मुस्कान,
उम्मीद अगर न खोई तो, पा जायेगा मुकाम!
जिंदगी में देना होता हर किसी को इम्तिहान,
अँधियारा भी भागेगा, एक दीप तो जला!

सीना तान खड़े हो जा, हार हो या पार,
हिम्मत रखने वालों ने बाजी ली है मार!
मिलेगी तुझे भी मंजिल, जुनून तो जगा!
चल सकता है शूलों पर, ये काँटों को बतला!

जब मजदूर ने लिया पत्नी की मौत का बदला

दशरथ माँझी के गाँव में बिजली, पानी, चिकित्सा जैसी मूलभूत सुविधाएँ भी नहीं थीं। गाँव के लोगों को ईलाज के लिये नजदीकी शहर जाना पड़ता था, लेकिन रास्ते में पड़ने वाला पहाड़ इसमें मुश्किलें पैदा करता था। एक बार दशरथ माँझी पहाड़ के पास लकड़ियाँ काट रहे थे। उनकी पत्नी उन्हें खाना देने आई। पैर फिसल जाने के कारण गिर गई और उसकी मृत्यु हो गई। इसके बाद दशरथ ने निर्णय किया कि इस पहाड़ को रास्ते से ही हटा देंगे। इसके लिये वह रोज सुबह होते ही छैनी-हथोड़ी लेकर निकल जाते। लोग कहते कि पत्नी की मौत से दशरथ पागल हो गया है। दशरथ माँझी पागल होकर पूरे 22 साल तक लगातार ये करते रहे। इस दौरान किसी ने उनकी कोई मदद नहीं की। आखिर में उन्होंने पहाड़ का सीना चीरकर पत्नी की मौत का बदला ले लिया। उन्होंने 25 फुट ऊँचे पहाड़ के बीचोबीच 360 फुट लंबा और 30 फुट चौड़ा रास्ता बनाकर अटल कहे जाने वाले पर्वत को झुका दिया।

"मेरे जन्म से पहले ही पिताजी की मृत्यु हो गई थी। लोगों ने माँ से कहा कि इस बच्चे का गर्भपात करवा दीजिए, लेकिन मौसी ने ऐसा नहीं होने दिया। वह माँ को अपने साथ ले

आयी। वहीं मेरा जन्म हुआ। मुझे भी वह कमजोरी महसूस हुई और जिंदगी को कोसने का मन हुआ कि हम क्यों जी रहे हैं। लेकिन मेरे बचपन का एक वाकया है। हम लोग झोपड़ी में रहते थे। एक बार इतनी तेज बारिश हुई की नदी के पानी और हमारी झोपड़ी का फासला 15 फीट का रह गया था। रात का समय था। हम सभी लोग जगे हुए थे। उस समय चाचा बोले - 'इतनी बारिश हो रही है, भगवान! हम क्या करें? कैसे रहें? अगर ऐसे ही बारिश होती रही, तो हमारी झोपड़ी ही बह जायेगी।' तब मौसी ने कहा - 'सही बात है, इतनी बारिश हो रही है। हमारे ये हालात हैं, तो गरीबों का क्या होगा?' उस दिन मुझे लगा कि गरीबी आदमी की परिस्थिति में न होकर उसकी मनोस्थिति में होती है।" - आईएएस डॉक्टर राजेंद्र भारुड

माँ की मृत्यु से दुखी जे.के. रोलिंग ने अपना देश ही छोड़ दिया। वो इंग्लैंड से पुर्तगाल आ गईं। यहाँ उन्हें लाइफ पार्टनर मिला। उन्होंने शादी कर ली, लेकिन शादी के एक साल में ही उन्हें छोड़ दिया गया। आर्थिक तंगी पहले से ही थी। वो इन हालातों को सहन नहीं कर पाईं और डिप्रेशन का शिकार हो गईं। इस दौरान वो एक जादुई दुनिया के बारे में सोचतीं और उसे लिखतीं। उनकी कल्पना एक नॉवेल का आकार ले चुकी थी। जब उन्होंने नॉवेल को पब्लिश करवाना चाहा, तो 12 प्रकाशकों ने मना कर दिया। तेरहवें ने भी इस शर्त पर 'हाँ' कहा कि वो अपना पूरा नाम नहीं लिखेंगी, ताकि उनकी पहचान छुपी रहे। जब उसका नॉवेल 'हैरी पॉटर' छपकर मार्केट में आया, तो 21वीं सदी का सबसे मशहूर नॉवेल बन गया। किताब लिखकर अरबपति बनने का रिकॉर्ड 'जे.के. रोलिंग' के नाम हो गया।

अनिल नाइक को कंपनी ने जॉब देने से मना कर दिया था और जब जॉब दी गई, तो सैलरी तीन अंकों में लगाई गई। जब अनिल नाइक ने उसी कंपनी के डायरेक्टर के पद से स्वैच्छिक रिटायरमेंट लिया, तो भी उनकी सैलरी तीन अंकों में ही थी। फर्क इतना था अब उन तीन अंकों के साथ करोड़ जुड़ता था।

जेन कूम को फेसबुक ने रिजेक्ट कर दिया था। इसके कुछ साल बाद फेसबुक ने जेन कूम के ही आइडिया 'वॉट्सऐप' को मुँहमाँगी कीमत पर खरीदा और जेन कूम दुन्यिा के सबसे अमीर लोगों की लिस्ट में शामिल हो गये।

"जिद और पागलपन में एक बारीक लकीर होती है। मैं अभी भी पता लगाने की कोशिश कर रहा हूँ कि इन दोनों में से मुझमें क्या है।" - टाइलर कोहेन (गूगल ने 39 बार रिजेक्ट करके दी जॉब)

सबसे कम उम्र में भारतीय क्रिकेट टीम के कप्तान बनने वाले टाइगर मंसूर अली खान पटौदी रोड ऐक्सिडेंट में अपनी एक आँख गँवा बैठे थे। हादसे के छह महीने बाद ही फिर से मैदान में

लौट आये और टीम की कप्तानी भी संभाली। उनका नाम दुनिया के बेस्ट फील्डर्स में गिना जाता है। उन्होंने एक आँख से क्रिकेट खेली थी।

वर्षों तक वन में घूम-घूम, बाधा विघ्नों को चूम्-चूम,
सह धूप-घाम पानी पत्थर, पांडव आये कुछ और निखर
प्रासादों के कनकाभ शिखर, होते कबूतरों के ही घर
महलों में गरुड़ ना होता है, कंचन पर कभी ना सोता है
रहता वह कहीं पहाड़ों में, शैलों की फटी दरारों में
होकर सुख-समृद्धि के अधीन, मानव होता निज तप क्षीण
सत्ता किरीट मणिमय आसन, करते मनुष्य का तेज हरण
मैं गरुड़ कृष्ण मैं पक्षिराज, सिर पर ना चाहिये मुझे ताज
रण-खेत पाटना है मुझको, अहिपाश काटना है मुझको
संग्राम सिंधु लहराता है, सामने प्रलय घहराता है
रह-रह कर भुजा फड़कती है, बिजली सी नसें कड़कतीं हैं
चाहता तुरत मैं कूद पड़ूँ, जीतूँ कि समर में डूब मरूँ
विपत्ति जब आती है कायरों को ही दहलाती है
सूरमा नहीं विचलित होते, क्षण एक नहीं धीरज खोते।
खम ठोक ठेलता है जब नर पर्वत के जाते पाँव उखड़
मानव जब जोर लगाता है, पत्थर पानी बन जाता है।

\- कवि रामधारी सिंह दिनकर

"जो वक्त निकल गया, उसे भूल जायें और उससे जो सबक मिला है, केवल उसे याद रखें; कल की परीक्षा क्या होगी, उसकी तैयारी करें। हमें अपने आप को आने वाली लड़ाइयों के लिये तैयार करना है। बीती हुई लड़ाइयों से अपना मनोबल कमजोर नहीं करना है।" - एनएसए अजित डोभाल

"जब सबकुछ आपके खिलाफ जा रहा हो, तो याद रखिए, हवाई जहाज हवा के विरुद्ध उड़ान भरता है।" - हेनरी फोर्ड

अमेजन के जंगल में दुर्घटनाग्रस्त विमान से किसी के बचने की उम्मीद नहीं थी। कोई बच भी गया होगा, तो उसे जंगली जानवर खा जायेंगे या वे भूख से मर जायेंगे। विमान की खोज में युद्ध-स्तर पर सर्च ऑपरेशन चलाया गया। दो सप्ताह बाद सेना को प्लेन का मलबा व लाशें

मिलीं। अब जो लापता थे, वे बच्चे थे, जिनमें सबसे बड़ी की उम्र 13 साल और सबसे छोटे की उम्र 11 महीने थी। दुर्घटनास्थल बता रहा था कि बच्चे जीवित हैं, लेकिन उन्हें खोजा नहीं जा सका था। दुर्घटना के 40 दिन बाद चारों बच्चे सुरक्षित मिले। 13 साल की बच्ची ने अपने भाइयों को जंगली वनस्पति खिलाकर अब तक जीवित व सुरक्षित रखा था।

"सुनो एवरेस्ट! मैं जानता हूँ कि एक पहाड़ के तौर पर तुम और बड़े नहीं हो सकते, मगर एक इंसान के तौर पर मेरा हौसला जरूर बड़ा हो सकता है। मैं तुम्हें जीतने वापस जरूर आऊँगा।"
- एडमंड हिलेरी, एवरेस्ट विजेता

सर्वश्रेष्ठ जीवन में समस्यायें भी सर्वश्रेष्ठ होंगी

"अपने स्कूल में टॉपर रहे व वर्ल्ड के सर्वश्रेष्ठ कॉलेज में पढ़ने वाले सर्वश्रेष्ठ को पढ़ाई पूरी होते ही एक कंपनी ने करोड़ों की जॉब ऑफर की। कंपनी में सभी लोग या तो सर्वश्रेष्ठ के बराबर या उससे भी ज्यादा सर्वश्रेष्ठ थे। यहाँ सर्वश्रेष्ठ लोगों के बीच कॉम्पिटीशन था। इस वजह से उसे और ज्यादा मेहनत करनी पड़ती। वो रात को सो भी नहीं पाता। सर्वश्रेष्ठ ने जॉब छोड़नी चाही, तो पापा बोले कि वे लोगों को क्या बतायेंगे। सर्वश्रेष्ठ दबाव झेल नहीं पाया और जॉब छोड़कर आ गया। कुछ वक्त बाद सर्वश्रेष्ठ ने फिर फोन किया। पापा बोले - 'जॉब छोड़ोगे, तो पैसे कहाँ से आयेंगे?' इसपर सर्वश्रेष्ठ बोला- 'पापा! अपने देश में भी जॉब मिल जायेगी।' पापा बोले - 'बेटा! कुछ समय और कर लो, फिर आ जाना!' एक दिन सर्वश्रेष्ठ ने रोते हुए कहा - 'पापा! और नहीं हो पायेगा।' बेटे की हालत देखकर पापा पिघल गये। सर्वश्रेष्ठ ने जॉब से रिजाइन कर दिया। बॉस बोले, तीन महीने तो नोटिस पीरियड होता है, तब तक तो जॉब करनी ही पड़ेगी। अगले दिन सर्वश्रेष्ठ ने सुसाइड कर लिया।" - शिक्षाविद् अलख पांडे

दुःख झेलने वालों के लिये एक नसीहत

मैंने ईश्वर से शक्ति माँगी थी, ताकि मैं कुछ हासिल कर सकूँ,
उसने मुझे कमजोर बनाया, ताकि मैं दूसरों की सेवा कर सकूँ।

मैंने सेहत माँगी थी, ताकि मैं बड़े काम कर सकूँ,
मुझे दुर्बलता मिली, ताकि मैं कुछ अच्छे काम कर सकूँ।

मैंने धन-दौलत माँगी थी, ताकि मैं खुश रह सकूँ,
मुझे गरीबी मिली, ताकि मैं बुद्धिमान बन सकूँ।

मैंने रुतबा माँगा था, ताकि लोग मुझे सराहें,
मुझे असहाय बनाया, ताकि मैं ईश्वर की जरूरत महसूस कर सकूँ।

मैंने सब चीज माँगी थी, ताकि मेरा जीवन खुशहाल हो,
मुझे सिर्फ जीवन मिला, ताकि मैं हर चीज से खुशी पा सकूँ।

मैंने जो भी माँगा, नहीं मिला,
मगर वह सबकुछ मिला, जिसकी आशा की थी।

मेरे ऐसा करने के बावजूद, मेरी अनकही प्रार्थना सुनी गई,
मुझपर सब इंसानों से ज्यादा कृपा हुई।
- अज्ञात (क्रेडिट- जीत आपकी, शिव खेड़ा)

मौत से वार्तालाप

एक आहट हुई है पास में मेरे,
कोई सामने खड़ा है
लिए समाधान भतेरे,
लालच लिये खड़ा छलावा;
चल मेरे संग मुझे देता बुलावा,
अभी तो बहुत काम है बाकी;
उनको तो कर आऊँ,
कैसे चलूँ मैं तेरे साथ;
कैसे मैं मर जाऊँ?

आई है वह पास में मेरे, साथ मुझे ले जाने;
निराशा जो छाई है, उससे मुक्ति दिलाने;

वो चाहे मुझे अपना बनाना, मैं भी चाहूँ कदम बढ़ाना;
कैसी कशमकश है यह, दिल भी चाहे कुछ कर जाना;
तेरे साथ चलूँ उससे पहले, गाँव अपने हो आऊँ;
उन खेतों में खलिहानों में, देख जरा हरियाली आऊँ।

परेशान मैं भी हूँ बहुत, संभाल लूंगा खुद को;
इतना भी कमजोर नहीं, जो तू ले जाये मुझको;

जख्म बेशक हो गया गहरा, मंजिल पर होगा बसेरा;

रातें काली कट जायेंगी, कल तक हो जायेगा सवेरा;

संकट खड़ा है सामने, तू चाहती मैं डर जाऊं;

जहाँ समंदर भी हो जाता शहरा, मेरी चाहत है उस हद तक जाऊँ।

घर पर मेरा अभी भी, इंतजार कर रहा है कोई;

रात बहुत हो गयी है, माँ अभी तक ना सोई;

वक्त गुजर गया खाये हुए, माँ के हाथ का खाना;

जानें कब सोया था चैन की नींद, फिर से मुझे उसी गोद में जाना;

रक्षाबंधन आने वाला है, राखी तो बंधवा आऊँ;

मुझे शादी भी करवानी है, पहले दुल्हन तो ले आऊँ; ।

चला गया जो तेरे साथ, अश्कों की होगी बरसात;

छूटेगी जब मेरी श्वास, टूटेगी फिर कितनी आस;

बेवफा कहेगी जिंदगी मुझे, क्या हासिल होगा ये करके तुझे;

टूट जायेंगे सपने मेरे, मुरझा जायेंगे जो फूल खिले;

बचपन में नहाया था, उस बारिश में मैं फिर से नहाऊँ;

स्वच्छ पवन मुझे कहते हैं, तू चाहती प्रदूषित हो जाऊँ।

"एक लड़की ने मुझे बताया कि उसके साथ रेप हुआ था। मैंने पूछा - 'आपने अपने माता-पिता को बताया होगा? पुलिस कार्रवाई करवाई होगी?' उसने कहा - 'मैं अपने माता-पिता को ये नहीं बता सकती। मेरे साथ पहले भी ऐसा प्रयास हुआ था। जब मैंने माँ को बताया, तो मुझे ही डाँटा गया।' वह पुलिस में आना चाहती थी, ताकि इस तरह कि घटनायें रोक सके। आज वो आईपीएस है। मुझे चिंता ये है कि एक बच्ची अपने माता-पिता को यह नहीं बता सकती कि उसके साथ कुछ गलत हुआ है, तो सीखने की जरूरत बच्ची को है या माता-पिता को?" - डॉ. विकास दिव्यकीर्ति

"हद-ए-शहर से निकली, तो गाँव-गाँव चली, कुछ यादें मेरे संग पाँव-पाँव चली।

सफ़र जो धूप का किया तो तजुर्बा हुआ, वह जिंदगी ही क्या जो छाँव-छाँव चली।" - अज्ञात

"एक विश्वविद्यालय में बच्चियों के नहाते हुए फोटो लीक हो गये। उन्होंने सुसाइड का प्रयास किया। मैं उन लड़कियों से नाराज नहीं हूँ। मैं उन पिताओं से, उन गुरुओं से, उस वॉइस

चांसलर से नाराज हूँ, जिन्होंने बच्चियों में यह विश्वास नहीं भरा कि तुम्हारा होना और तुम्हारा चरित्र, इस बात से प्रभावित नहीं होता कि किसी ने फोटो खींच ली।" - डॉ. कुमार विश्वास

"कम लोगों से रिश्ता बनायें, मगर अच्छे लोगों से बनायें। मैं हॉस्पिटल में देखता था कि मरीज ऐडमिट नहीं हुआ, उससे पहले ही लोग आकर बोलते थे - 'डॉक्टर साहब, आप इसको देख नहीं रहे!' जब मैं उनसे बोलता कि 'इसको खून की जरूरत है, खून चाहिये, तो सब गायब हो जाते थे।' ऐसी भीड़ का कोई फायदा नहीं है। जो लोग मानसिक रूप से कमजोर हैं, उनको सहारा दें। अगर आप किसी से अपना रिश्ता खत्म करना चाहते हैं, तो उसके किसी महत्त्वपूर्ण कार्य से पहले ऐसा नहीं करें क्योंकि ब्रेकअप के बाद लाइफ को नॉर्मल होने में कम-से-कम तीन महीने लगते हैं। मैं तो एमबीबीएस में ही फेल हो गया था। एक टॉपर लड़का जिसको सफलता की आदत हो और फेल हो जाये, तो वह कितना दर्दनाक होगा। सफलता हिमालय की तरह है। आप उस पर चढ़ सकते हैं, घर बनाकर नहीं रह सकते। वहाँ से उतरना तो पड़ेगा ही।" - आईपीएस डॉ. अभिषेक पल्लव

2. सकारात्मक (पॉजिटिव) सोंचे

वे सभी बातें या व्यक्ति, जो विचारों को नकारात्मक बनाते हैं, उनसे दूर रहें। उन चीजों की तलाश करें, जो खुशी देती हो, जैसे कि प्रियजन से मिलना, मनपसंद म्यूजिक सुनना, किताबें पढ़ना, डायरी लिखना, मूवी देखना, घूमना इत्यादि। जब हम मुश्किल में होते हैं, तो हमारे अंदर ही कोई हमें राह दिखा रहा होता है। ये सबकॉन्शस माइंड होता है। सबकॉन्शस माइंड के पास डिवाइन पावर होती है, जिससे भविष्य में होने वाली घटनाओं का आभास पहले से ही हो जाता है। सबकॉन्शियस माइंड की वजह से हम जैसा सोचते हैं, वैसा होता चला जाता है। इसलिए, पॉजिटिव सोचने को कहा जाता है। कुछ लोग इसको आस्था से भी जोड़ते हैं। आस्तिक व्यक्तियों में नास्तिकों के मुकाबले तनाव कम पाया जाता है। आस्था से मानसिक अवसाद कम होता है। जब कोई रास्ता दिखाई नहीं दे रहा हो, तो परिणाम ईश्वर के भरोसे छोड़कर अपना कार्य करते रहने की भावना से पॉजिटिवनेस आती है। जब हम अच्छा सोचते हैं, तो हमारा दिमाग, शरीर को उसी तरह से कार्य करने के लिये प्रेरित करता है। इस प्रक्रिया में 'हैप्पी हॉर्मोन्स' का सिक्रीशन होता है, जो मूड ठीक करते हैं और हमें अच्छा महसूस होता है। फिजिकल ऐक्टिविटी करने से 'एंडोर्फिन' नामक हॉर्मोन रिलीज होता है, जो डिप्रेशन से लड़ने में सहायक है।

"मैं अंधविश्वासी नहीं हूँ, मेरा उन शक्तियों में विश्वास नहीं है, लेकिन मुझे उम्मीद है कि उसने मुझे विजेता बनते हुए देखा होगा। मेरी पत्नी हमेशा मेरे साथ है।" – वेट लिफ्टर मैथियास स्टीनर (ओलंपिक गोल्ड विजेता)

"दुनिया की सबसे खूबसूरत चीजें न देखी जा सकती हैं और न ही छुई। उन्हें बस दिल से महसूस किया जा सकता है।" - हेलन केलर

"जरा-सा कतरा कहीं अगर उभरता है, समंदर के लहजे में ही बात करता है।
खुली छतों के दीये कब के बुझ गये होते, कोई तो है जो हवाओं के पर कतरता है।"
- वसीम बरेलवी

"जैसा हम सोचते हैं और अनुभव करते हैं, वैसे ही होते चले जाते हैं। गुजरे कल से जल्दी से बाहर निकल आना चाहिये क्योंकि हमारी आज की सोच कल का निर्माण कर रही होती है। जब माइंड कहे कि कड़वी यादों से बाहर निकलना मुश्किल है, तो उसे समझायें कि ये मुमकिन है। खुद से प्यार करना और खुद के लिये सपने देखना पॉजिटिव अनुभव करवाते हैं। मेरे लिये आईने के सामने खड़े होकर खुद को 'आई लव यू' बोलना बहुत मुश्किल था, लेकिन आँखों में आँसू और गहरी साँस के साथ मैंने यह किया, रोज़ किया। खुद को और दूसरों को माफ किया। हर पल कोई भी पॉजिटिव नहीं रह सकता। मैं जैसा सोचती थी, मेरे साथ वैसा ही हो जाता था, इसीलिए मैं हमेशा पॉजिटिव सोचती थी।" - लुईस एल हे (दी पॉवर इज विदिन यू)

"दिमाग, विचारों का बैंक है। आपके नेगेटिव होने पर ये आपको याद दिलाता है कि आप पहले भी इस कार्य में विफल हुए हैं, आपको कोई काम करना नहीं आता। विचार-बैंक लगातार ऐसे विचार देता है, जो यह साबित करते हैं कि आप अयोग्य हैं। आप बैंक से कहो कि एक महत्त्वपूर्ण फैसले में मेरी मदद करो। अबकी बार आपको याद दिलाया जाता है कि आपने पहले भी ऐसी परिस्थितियों में बेहतरीन कार्य किया है। याद करो, मिस्टर स्मिथ आप पर कितना भरोसा करते हैं! आपके अच्छे दोस्त आपके बारे में क्या सोचते हैं! इसलिए बैंक में हमेशा पॉजिटिव विचार जमा करें। कड़वी यादों को बार-बार याद करके उन्हें यहाँ जमा न करें। जब भी विचारों के साथ हों, अच्छी घटनायें याद करें।" - डेविड जे. श्वार्ट्ज (द मैजिक ऑफ थिंकिंग बिग)

"इंसान का दिमाग बगीचे की तरह होता है। जब अच्छे बीज बोयेंगे, तो बगीचा भी अच्छा होगा। अगर कुछ भी नहीं बोयेंगे, तो भी घास-फूस उगेगा ही।" - शिव खेड़ा (यू कैन विन)

"यदि आप अपना दिमाग या मन नहीं बदल सकते, तो आप कुछ भी नहीं बदल सकते।" - संदीप माहेश्वरी

"खराब संगत से अच्छा है, अकेले रहो।" - जॉर्ज वॉशिंगटन

"बड़े-बड़े विजेताओं को भी जीत से पहले हताश कर देने वाली बाधाओं का सामना करना पड़ा, उन्हें जीत इसलिए मिली क्योंकि वे अपनी असफलताओं से मायूस नहीं हुए।" - बीसी फोर्ब्स

क्रिकेट के भगवान सचिन तेन्दुलकर से लेकर भारतीय क्रिकेट टीम के सफलतम कप्तान महेंद्र सिंह धोनी तक अपने पहले मैच में जीरो पर आउट हुए थे और सर्वकालीन महानतम बल्लेबाज सनथ जयसूर्या के नाम पर तो जीरो पर आउट होने का रिकॉर्ड बना था। बॉलीवुड के महानायक अमिताभ बच्चन ने शुरुआत में 12 फिल्में फ्लॉप दी थीं। उसके बाद उनकी पहली फिल्म हिट हुई थी। किसी ने सही कहा है - "आवश्यकता ही आविष्कार की जननी है। अपनी शक्तियों को ऐसे कार्यों में बर्बाद न करें, जिनमें चमत्कार से सफलता मिलने का दावा किया जाता हो।" हम हेनरी फोर्ड को कैसे भूल सकते हैं। वे कार के इंजन पर कार्य कर रहे थे, तो इंजीनियर अनेक बार विफल होकर उनके पास आये और बोले- 'यह संभव नहीं है!' फोर्ड ने उनको हर बार एक ही बात कही - "तुम दुनिया के सर्वश्रेष्ठ इंजीनियर हो। मैं तुम्हें और वक्त देता हूँ, अपना कार्य जारी रखो।" ओलंपिक खेलों में सबसे ज्यादा पदक जीतने का विश्व रिकॉर्ड अपने नाम रखने वाले माइकल फेल्प्स अपने पहले ओलंपिक में एक भी पदक नहीं जीत सके थे। उसके बाद एक दिन ऐसा आया, जब उनके नाम कुल 28 ओलंपिक पदक थे, जिनमें से 23 गोल्ड हैं। 2008 के ओलंपिक की आखिरी प्रतियोगिता के लिये जब फेल्प्स ने पानी में जम्प किया, तो उनका चश्मा टूट गया था। आँख के अन्दर पानी जाने से उन्हें कुछ दिखाई नहीं दे रहा था, जिससे उन्होंने इतनी तेज तैराकी की, कि वह रेस एक वर्ल्ड रिकॉर्ड के साथ खत्म हुई।

"मैं हर दिन परफेक्ट महसूस नहीं करता था। कभी-कभी मुझे लगता था, जैसे मैं किसी बस से कुचल गया हूँ। मुझे अभी भी उठना था और वे चीजें करनी थीं, जो मुझे अपने लक्ष्यों को पूरा करने का मौका देने के लिये जरूरी थीं।" - माइकल फेल्प्स

"मौके बिल्कुल अलग अंदाज में आते हैं। इसलिए, लोग इन्हें पहचान नहीं पाते। कई बार ये दुर्भाग्य और हार के रूप में भी आ जाते हैं। जिन्होंने भी अपनी किस्मत लिखी, उन्होंने पहले सपना देखा, उम्मीद की, अटल इच्छा रखी, प्लान बनाया और उसके लिये मेहनत की।

विफलता बहुत चालाक होती है। यह लोगों को भटकाने तब आती है, जब सफलता बहुत नजदीक होती है।" - नेपोलियन हिल (थिंक एंड ग्रो रिच)

जिस काम को पुलिस का खुफिया-तंत्र नहीं कर पाया, वो एक बच्ची ने कर दिया

राजस्थान पुलिस अपराधियों की तलाश में सर्च ऑपरेशन चला रही थी। पुलिस टीम ने एक 10 साल की बच्ची को खेलते देखा। उन्होंने बच्ची से उस अपराधी के बारे में पूछा, जिसके लिये पुलिस टीम वहाँ गई थी। बच्ची बोली - 'ये तो नहीं है, मगर एक और है।' जो मौजूद था, वह वहाँ का सबसे दुर्दांत अपराधी था, जिसकी वजह से करीब 20 साल से पुलिस की इज्जत दाँव पर लगी हुई थी। एनकाउंटर में वह मारा गया। जब वह मरा, तो मौके पर 40 हजार लोग इकट्ठा हो गये थे। उस बच्ची ने अनजाने में ही एक ऐसे अपराधी की जानकारी पुलिस को दे दी थी, जिसके बारे में वहाँ गई टीम ने कभी सोचा ही नहीं था।

क्या पता, उड़ने वाला घोड़ा मिल जाये

एक बार एक बादशाह ने अपने मंत्री से नाराज होकर उसे मौत की सजा दे दी। मंत्री बोले कि वो एक ऐसी विधि जानता है, जिससे एक साल में उड़ने वाला घोड़ा बनाया जा सकता है। जब बादशाह ने यह सुना, तो सजा एक साल के लिये टाल दी। मंत्री के विश्वासपात्र जानते थे कि मंत्री ने झूठ बोला है। किसी ने पूछ लिया - 'मंत्रीजी! एक साल बाद क्या होगा?' मंत्री बोले - 'एक साल का वक्त है... क्या पता तब तक बादशाह रहें, न रहें! मैं रहूँ, न रहूँ! बादशाह को ये बात याद रहे, न रहे! और क्या पता कि उड़ने वाला घोड़ा मिल ही जाये!'
साल 1990 में भारत में एक बहुत ही महत्त्वपूर्ण मीटिंग हो रही थी। मीटिंग में मौजूद लोग कुछ बातों को लेकर बहुत चिंतित थे। उनकी चिंता को दूर करने के लिये भारत सरकार के इलेक्ट्रॉनिक्स डिपार्टमेंट के तत्कालीन सचिव नागराजन विट्ठल ने उनको यह कहानी सुनाई थी। 1980 के आसपास, नैसकॉम, आईटी कंपनियों को टैक्स में छूट देने के लिये लॉबी कर रहा था। ये वो दौर था, जब भारत इसमें बहुत पिछड़ा हुआ था। उस दौरान विदेश से कंप्यूटर आयात करना बहुत मुश्किल था और उस पर भारी टैक्स देना पड़ता था। विट्ठल, आईटी को सपोर्ट करते थे। फाइनेंस सचिव विमल जालान, आईटी को कंसेशन देने को तैयार हो गये, मगर उन्होंने एक शर्त रख दी, जिसके अनुसार आईटी को अपना निर्यात चार गुना करना था। ये काम बहुत मुश्किल था। नैसकॉम इसके लिये तैयार नहीं था, मगर विट्ठल इस मौके को हाथ से नहीं जाने देना चाहते थे। उनकी स्थिति को देखकर विट्ठल ने उनको यह कहानी सुनाई थी। हम जानते हैं विट्ठल को उड़ने वाला घोड़ा मिला भी और घोड़ा ऐसा उड़ा कि पाँच साल

में भारत का आईटी सेक्टर 170 करोड़ से 1900 करोड़ तक पहुँच गया, जिसमें 1100 करोड़ तो सिर्फ निर्यात से आ रहे थे। (क्रेडिट - दी लल्लनटॉप)

कर्म करो

कर्म करो-कर्म करो
कुछ तो तुम अब श्रम करो।
बरखा की बाट देखने वालों
बूंद-बूंद से घड़ा भरो।।

छोटे हुए तो क्या हुआ? चींटी कितना सिखायें
है जहाँ में कौन, जो तन से दोगुना वजन उठायें
जंग लगकर नष्ट क्या होना, घिसने को तैयार रहो।

प्रयत्न ना करना होती सबसे बड़ी भूल,
संकल्प होता महान बड़ा, बना लो इसे जिंदगी का उसूल।
साथ ना हो हमसफर, अकेले ही निकल पड़ो।

लक्ष्य की प्राप्ति से पहले खुद को उसके योग्य बनाओ
तुम्हारा भाग्य तुम्हारे हाथ, अपना भाग्य खुद बनाओ।

नसीब को अब छोड़कर, हाथों पर विश्वास करो।

जो काम आज कर सकते, उसे कल के भरोसे मत टालो
जीत का पथ कठिनाइयों का, इस पथ को तुम अपना लो।
डरकर क्यों भागते हो, कुछ तो तुम संघर्ष करो।

आत्म-उत्साह से बढ़कर कोई बल नहीं होता,
विफलता से तुम जानो आगे क्या नहीं करना।
आशा की मधुमक्खी पाल बिन पुष्प मधु तैयार करो।

गिरकर अगर खड़े हुए, ना उम्मीद, ना हिम्मत कम होगी;
लम्हों का ख्याल तुम रखो, सदियाँ अपना रखेगी।
हार गये तो क्या हुआ, फिर से लड़ने को तैयार रहो।

जब कोई तैयार नहीं हुआ, तो खुद ही तैयार हो गये

'आपके काम पर दुनिया तभी यकीन करती है, जब आपको खुद अपने काम पर यकीन हो।' इस लाइन को जीवंत करके दिखाया था, जसवंत सिंह गिल ने। धरती की सतह से 320 फीट

नीचे एक खदान में फँसे मजदूरों को बचाने के लिये क्या किया जाये, यह किसी की समझ में नहीं आ रहा था। उस समय जसवंत सिंह गिल ने बड़ी बारीकी से खदान के नक्शे को समझा और मजदूरों की लोकेशन का अनुमान लगाया। जब दूसरे अधिकारी इससे सहमत नहीं हुए, तो उन्होंने सभी को समझाया कि अगर मजदूर जिंदा हैं, तो वे पानी से बचने के लिये ऊँचाई की तरफ जायेंगे और वह सुरक्षित जगह यानि ऊँचाई वही है, जहाँ वे बता रहे हैं, न कि वहाँ, जहाँ हादसा हुआ है। गिल साहब का अनुमान एकदम सही निकला। इसके बाद उन्होंने एक कैप्सूल का आइडिया दिया। पहले तो सभी ने उनकी बात मानने से मना कर दिया क्योंकि इस तरह का प्रयोग पहले कभी नहीं हुआ था, लेकिन जब कोई दूसरा रास्ता नहीं बना, तो उनके आइडिया पर काम शुरू किया गया। जब कैप्सूल तैयार हो गया, तो दो लोग जो इस काम के एक्स्पर्ट थे, जिन्हें कैप्सूल से नीचे जाना था, वे गायब हो गये। कोई अन्य व्यक्ति भी कैप्सूल में बैठने के लिये तैयार नहीं था। आखिर में जसवंत सिंह गिल ने फैसला किया कि वे खुद ही ऐसा करेंगे। इस काम में जोखिम था लेकिन कैप्सूल में बैठकर नीचे पहुँचने पर उन्होंने जैसे ही कैप्सूल का दरवाजा खोला, मजदूर सामने खड़े थे। उनके इस आइडिया का प्रयोग आज दुनिया भर में होता है।

"मेरे सीनियर कहते थे कि शक्ति वह नहीं है, जो लोगों को आपके कदमों में झुका दे; शक्ति वह है, जो मुश्किल में पड़े लोगों की मुश्किलें दूर कर सके। अगर ईश्वर ने आपको यह शक्ति दी है, तो उसका उपयोग करना चाहिये।" - आईएएस आंजनेय कुमार सिंह

3. पढ़ना बहुत आसान है, बस अनावश्यक प्रतिस्पर्धा (कॉम्पिटीशन) से बचें

बच्चों पर हमेशा प्रथम आने का दबाव डाला जाता है। इससे वे अच्छा करते हैं, मगर किसी बड़े एग्जाम में वे सभी बच्चे आमने-सामने होते हैं, जो हमेशा प्रथम आये हैं। जिन बच्चों को प्रथम आने की आदत हो चुकी है, वे इस स्थिति को झेल नहीं पायेंगे क्योंकि उन्होंने कभी विफलता का सामना नहीं किया। जीवन में कई बार हारना भी पड़ेगा, इसके लिये तैयार रहें। छात्रों की बात हो और कोटा का जिक्र न हो, ये नामुमकिन है। मेडिकल की गंगोत्री, कोटा ने इतना नाम कमाया है कि देश के कोने-कोने से छात्र अपना भविष्य सँवारने यहाँ आने लगे। कोटा का पिछले कुछ सालों (2014 - 2023) का रिकॉर्ड देखें, तो यहाँ औसतन एक महीने से भी कम समय में छात्र ने सुसाइड किया है। 'आईआईटी', 'एम्स' जैसे प्रतिष्ठित शिक्षण-संस्थान भी इससे अछूते नहीं हैं एनसीआरबी की रिपोर्ट बताती है कि 2021 में 13 हजार से ज्यादा छात्रों की मौत की वजह 'सुसाइड करना' है। पिछले एक दशक में छात्रों के सुसाइड के मामले 70 प्रतिशत तक बढ़ गये हैं। माता-पिता खुद के सपने बच्चों पर थोप रहे हैं, जो बच्चों पर भारी पड़ रहे हैं। बच्चों को अपने सपने देखने दें और उन्हें पूरा करने दें।

अनावश्यक प्रतिस्पर्धा, तनाव को बढ़ाती है। ओवर कॉन्फिडेन्स के भी बहुत नुकसान हैं। कई बार बच्चों की तैयारी एक छोटा-सा एग्जाम निकालने की नहीं होती और सोचते हैं कि यूपीएससी निकाल लेंगे। यह सोचना कि पानी में कूदकर हाथ-पैर चलायेंगे, तो तैरना भी सीख जायेंगे, बड़ा रिस्की है। बदकिस्मती से तैरना नहीं आया, तो क्या होगा? यह ऐसी दौड़ है, जिसमें आपसे पहले ही हजारों लोग आपसे आगे दौड़ रहे हैं, जो आपसे कहीं ज्यादा अनुभवी भी हैं। क्या आप उन सबको हरा पायेंगे? सच्चाई यह है कि इस रेस को जीतने की संभावना न के बराबर है, इसलिए अंधे होकर नहीं दौड़ें। दौड़ में शामिल होने के फायदे व नुकसान, दोनों जान लें। विफलता और डिप्रेशन का एक-दूसरे से गहरा नाता है। इसलिए वही लक्ष्य चुनें, जिसके लायक तैयारी हो या जिसको आप पूरा कर सकते हों। जिस कार्य को करने जा रहे हैं, उसके लिये आवश्यक मेहनत कर पायेंगे या नहीं, और रिस्क उठा पायेंगे या नहीं, इसका अंदाजा हर हाल में होना चाहिये।

आईएएस आदित्य पांडे बताते हैं - "मैं परिवार में सबसे छोटा था, इसीलिए सबका लाड़-प्यार मिला और मैं बिगड़ गया, लेकिन धीरे-धीरे खुद को सुधारा। ये एग्जाम ऐसे होते हैं, जो आपको घुट-घुटकर रुलाते हैं। रोना आता है, तो रो लिया करो। रोने की जरूरत होती है। अगर नहीं रोओगे, तो वह दिल में रह जाता है। वह घुटन बर्दाश्त नहीं होगी। अपनों से बात करो, उन्हें अपनी परेशानियाँ बताओ। कोई भी लक्ष्य, जीवन से बड़ा नहीं हो सकता।"

"एक होती है 'इच्छा' और एक होती है 'क्षमता'। यह आवश्यक नहीं है कि जिस काम को करने की आपके अंदर इच्छा हो, उसको करने की आपके अंदर क्षमता भी हो और ये भी जरूरी नहीं है कि जिस कार्य को करने की आपके अंदर क्षमता है, उस कार्य को करने की आपके अंदर इच्छा भी हो। इच्छा और क्षमता के बीच चलते रहने वाला द्वंद्व ही हमारे अवसाद, हमारे हर्ष, हमारे विषाद का कारण होता है। जिस कार्य को करने की इच्छा हो, उसे करने कि क्षमता पैदा कर लीजिए, अन्यथा जिस कार्य को करने की आपके अंदर क्षमता है, उसे करने की इच्छा पैदा कर लीजिए। तब आप देखेंगे कि कोई भी कार्य आप पर दबाव के रूप में काम नहीं करेगा। फिर काम भी आपके लिये आनंद का निर्माण करने लगेगा।" - अभिनेता आशुतोष राणा

किताबी पढ़ाई

किताबी पढ़ाई ना आती रास।
लगाकर साबुन कर दो वॉश।

तू बुक ना छोड़ता था, जाता था मैं वॉक
दिल की दुनिया में हम आये, तुम घिसते रहना चौक।

टीचर ऐसे लगातार शॉट ब्रिलियंट बन
जाता रोबोट

क्लास को तूने मजाक बनाया अब छोड़
रहा है आस।

टॉमी को घर टीचर ने भेजा, बतलाया
था इडियट मेड

स्टोरी यहाँ नहीं रुकी, माँ ने बनाया
एडिसन।

बात मैंने कैसी कह डाली, रह गये ना
सन्न!

न्यूटन को स्कूल से गया निकाला,

आइंस्टीन को बेवकूफ कहा

कलाम भी विफल हुए, लाइफ
प्रैक्टिकल में लगाओ पार।

जहाँ हाथ का हो जाता है, वहाँ किस्मत
का क्या रोल?

दायाँ हाथ हुआ बेकार, तो
करौली टकास ने बायें हाथ से जीता
गोल्ड

जनरल कारडोजो को करो याद, याद
करो लकड़ी का पाँव

युद्ध भी जीते जाते हैं, लड़ो जब तक रहे
आखरी श्वास।

लुडविग बीथोवेन बहरे थे, जॉन मिल्टन
अंधे,

टॉलस्टॉय दिये गये अयोग्य करार,

वॉल्ट डिज़्नी को भी बोला गया बेकार,

विल्मा रूडोल्फ ने लगाई दौड़,
ओलंपिक में बना रिकॉर्ड।

कुछ करके अगर दिखलाओगे, तो ही
कहलाओगे पास।

"किसी को अपने सपने न चुराने दें। ये आपके सपने हैं, किसी और के नहीं।" - डैन जाद्रा

"जिसे उड़ना सीखना हो, उसे पहले खड़ा होना, चलना और दौड़ना आना चाहिये।" - फ्रेडरिक नीत्शे

"आप शहद की खोज में जाते हैं, तो आपको मधुमक्खियों द्वारा काटे जाने की संभावना को भी स्वीकार कर लेना चाहिये।" - जोसेफ जौबर्ट

"फॉर्म भरने वाले 10 लाख लोगों में से 5 लाख लोग पेपर देते हैं। फाइनल सेलेक्शन 700-800 का होता है। ये नियम हर सर्विस पर लागू होता है। अब सोचो, क्या आप इस रेशियो में आ पायेंगे? क्या आपको रिस्क लेना चाहिये? आपका सबसे अच्छा समय इसी में गुजर जायेगा। इसलिए, आप जिस कैरियर में है, वहाँ मेहनत करेंगे, तो लाइफ में और भी ज्यादा सक्सेस पा सकते हैं।" - आईएएस ईरा सिंघल

> "अपने गम को लेकर कहीं और न जाया जाये, घर में रखी हुई चीजों को सजाया जाये।
> जिन चिरागों को हवाओं का खौफ नहीं, उन चिरागों को हवाओं से बचाया जाये।"
>
> - निंदा फाजली

"जब एनएसडी में मेरा सेलेक्शन नहीं हुआ, तो मैंने सुसाइड करने का सोचा था। एनएसडी मेरे लिये सबकुछ था। मुझे लगा मेरी पूरी मेहनत, लगन, मेरा सपना, हर चीज जैसे धराशायी हो गई। मगर खुद को फिर से खड़ा किया। जीवन में कोई चीज इतनी बड़ी नहीं है, जो आपको तोड़ दे या जिंदगी जीने से रोक दे। माँ ने एक बड़ी अच्छी बात कही थी कि मनोज! जिसको सफलता नहीं मिली है, उसको बेवकूफ मत समझना।" - अभिनेता मनोज वाजपेयी

"पढ़ाई के अलावा मैंने सबकुछ छोड़ दिया था, मगर एग्जाम क्लियर नहीं हुआ। डिप्रेशन की वजह से काफी सीरियस प्रॉब्लम्स हुई। मुझे पता नहीं था कि मौसम कैसा है। मुझे लगता था कि मेरे साथ कुछ अच्छा नहीं होने वाला। अगर आप अब फेल हो रहे हैं, तो आगे भी होंगे। ऐसा नहीं होता! आप यूपीएससी के लिये ही इस धरती पर नहीं आये हैं।" – कंसल्टेंट, प्रियामवदा सिंह

अमित सर बताते हैं कि 'बहुत सारे बच्चों की तरह मुझे भी लगता था कि एक-दो साल में पेपर निकल जायेगा, लेकिन छः यूपीएससी मेंस और दो इंटरव्यू के बाद भी ऐसा नहीं हुआ। आप ये भी पूछ सकते हैं कि इतने सालों तक मैंने कोई दूसरा काम क्यों नहीं किया? यह एक ट्रैप है, इसका पता आपको आखिरी वाले दिन चलता है। अगर आपके वित्तीय हालात अच्छे नहीं हैं, तो समस्या बहुत तेजी से बढ़ेगी। इस दौरान मैं भी डिप्रेशन से गुजरा हूँ। मैंने भी अपना बहुत कुछ खोया है। अगर मैं आईएएस बनता, तो अच्छी बात होती। लेकिन मुझे इसका गम नहीं है क्योंकि मुझे अपना उद्देश्य मिल गया है। गलती सभी से होती है लेकिन जीवन में दुखी होने की जरूरत नहीं है।'

"एक बार फेल हो गये और आप डिप्रेशन में चले गये। आप डिप्रेस होकर जीना चाहते हैं, तो जियें! आपको रोकने कोई नहीं आता! लेकिन चॉइस हमेशा आपकी रहेगी कि आपको कैसे जीना है। जिंदगी आपको फेल करके ही मानेगी, इसलिए बेहतर यही होगा कि यंग उम्र में ही गलतियाँ करके उनसे सीखा जाये। कोई भी बड़ी सफलता तब तक नहीं मिलती, जब तक उसके साथ असफलताओं की सिरीज नहीं जुड़ती। दिल में कुछ करने का जुनून पाल लें, तो ईश्वर मदद करते हैं और रास्ता निकल ही आता है।" – आईपीएस, नवनीत सिकेरा

"छात्रों की सफलताओं को बेचा जाता है। उन्हें लगने लगता है कि सफलता की एक ही परिभाषा है... एग्जाम में पास हो जायें! जब उन्हें एग्जाम निकलता हुआ नहीं दिखता, तो

निराश हो जाते हैं। सोशल मीडिया पर कितना भी मोटिवेशन डाला जाये, हर किसी की क्षमता अलग है। उन्हें कुछ प्रतीकों की कहानियाँ सुनाकर मोटिवेशन के बूते पार नहीं लगा सकते।" - न्यूज जर्नलिस्ट, सौरभ द्विवेदी

"अगर कोई बच्चा सुसाइड करता है, तो उसके सुसाइड की वजह समाज तो होगा ही लेकिन टीचर भी होगा। ऐसा नहीं है कि आगे जाकर समस्यायें खत्म हो जायेंगी। नौकरी पाने के बाद भी जीवन आसान नहीं है। सच यही है कि मुश्किलों से लड़ना सीखना होगा। पढ़ना बहुत आसान काम है। अगर आपको लगता है कि कोई काम पढ़ने से भी ज्यादा आसान है, तो वह काम करके देखिये। पता चल जायेगा।" – शिक्षाविद्, राकेश यादव

"जिनको भी लगता है कि वे हिम्मत हार जायेंगे, उनको सपने नहीं देखने चाहिये क्योंकि सपने तो टूटेंगे ही!" – शिक्षाविद्, अवध ओझा

"सही पढ़ाई वह होती है, जो हमें यह बताये कि हम कैसे सोचें और मुश्किल से मुश्किल घड़ी या क्राइसिस से कैसे डील करें।" – आईएएस, दीपक रावत

पढ़ा है मैंने मेडिकल

बकवास ना तुम समझो यारों, पढ़ा है मैंने मेडिकल;
मोटी-मोटी बुक्स पढ़ी थी, तभी तो हो गई थी गड़बड़।

माइंड इतना बड़ा होता, सुपर कंप्यूटर भी कम;
Memory इसकी अनलिमिटेड, जितना पढ़ोगे उतना कम।

प्रॉब्लम जो हो गई, कंट्रोल इस पर ना होगा;
रामानुजन हमारे आदर्श, करवा बैठे थे सिजोफ्रेनिया।

माइंड में उतना ही डालो, कर सको जितना रेग्युलेट;
बात ना मेरी मानी, तो लाइफ से तुम करोगे हेट।

मान लो मेरी बात, ये बात नहीं फिजूल;
ब्रेन गर्म हो गया है, कर लो थोड़ा कूल।

स्ट्रेस की वजह से थकान, घबराहट, साँस फूलना, चक्कर आना, पसीना आना, धड़कन बढ़ना, तापमान में बदलाव होना, स्टडी में कॉन्सन्ट्रेट नहीं कर पाना इत्यादि हो सकते हैं। इसलिए पूरी ईमानदारी के साथ मेहनत करें और जब मेहनत की है, तो डरने की जरूरत नहीं

है। पुस्तक को पूरी तरह से समझने के लिये उसे निरंतर अंतराल में कई बार पढ़ना पड़ता है। इसलिए, अपनी पसंदीदा पुस्तक को हमेशा अपने पास रखें। जब भी मौका मिले, उसे पढ़ें। किसी सब्जेक्ट को सीखना आपके कॉन्सन्ट्रेशन पर निर्भर करता है और कॉन्सन्ट्रेशन, इन्ट्रेस्ट पर निर्भर करती है। कॉन्सन्ट्रेशन को बढ़ाने के लिये बोलकर पढें और जो बोला जा रहा है, उसे कानों से सुनें। ध्यान, योग व प्राणायाम करें। पढ़ाई के लिये आवश्यक सामग्री साथ लेकर बैठें, जिससे पढ़ाई में व्यवधान न हो। मोबाइल फोन, कंप्यूटर से दूर रहें या इनका उपयोग पढ़ाई को आसान बनाने के लिये करें। मूड अच्छा होने पर कठिन टॉपिक को टुकड़ों में बाँटकर पढ़ें। ऐसा स्टडी पार्टनर बनायें, जो आपसे अच्छा हो, उससे हेल्थी कॉम्पिटीशन करें। पढ़ाई को जीवन से जोड़ें, इससे आसानी से याद रहता है। दिमाग के भटकने पर उसे पढ़ाई पर लगायें। पढ़ाई के दौरान थकावट होने पर 10-15 मिनट का ब्रेक लें। दिमाग की ताजगी के लिये 8 घंटे की नींद लें। अच्छी नींद नहीं लेने से सूचना को लॉन्ग-टर्म यादाश्त में डालने की माइंड की क्षमता पर नेगेटिव असर पड़ता है। कुछ छात्रों को पूरी मूवी याद रहती है, मगर वे पढ़ाई में अच्छे नहीं होते। इससे यह साबित होता है कि उनमें माइंड तो है, मगर वे इसका उपयोग पढ़ाई में नहीं कर पा रहे हैं। एक रिसर्च के अनुसार, हमारा माइंड दो क्विंटलियन यूनिट सूचना स्टोर कर सकता है, यानी 2 के साथ 18 शून्य, जो 40 भाषाओं में दक्षता प्राप्त करने, इनसाइक्लोपीडिया को पूरा याद करने तथा 12 विश्वविद्यालयों से ग्रैजुएशन करने के बराबर है। इससे साफ है कि हमारे माइंड की क्षमता अपरिमित (इन्फिनिट) है।

"सबसे अच्छा दिमाग क्लास की लास्ट बेन्च पर भी मिल सकता है।" - डॉ. अब्दुल कलाम

रेलवे में ऑफिसर सुभाष गुप्ता कहते हैं - "मैं एक ऐसे सरकारी स्कूल में पढ़ा, जहाँ खुद बोरी या चटाई लेकर जाना और पेड़ के नीचे बैठकर पढ़ना होता था। इस दौरान पिताजी नहीं रहे। मैं एक हजार रुपए के लिये बच्चों को चार-पाँच किलोमीटर दूर पढ़ाने जाता था। इस दौरान मैंने इंजीनियरिंग की लेकिन मैं बेरोजगार ही रहा। मैं कोई भी जॉब चाहता था। इसके लिये मैंने छोटे-बड़े सभी तरह के करीब 60 से ज्यादा एग्जाम दिये लेकिन विफल रहा। जब मैं फेल होता, तो खुद से पूछता कि क्या मेरी मेहनत पूरी थी? अगर जवाब 'हाँ' में होता, तो मैं रोता था और जब जवाब 'न' में होता, तो मैं फिर से तैयारी में लग जाता। बस एक जुनून था, जिससे मैं लगा रहा। आखिर में मुझे सफलता मिली और वो भी 139वीं रैंक के साथ।"

वे दिन भी आयेंगे

वे दिन भी आयेंगे,
आसमान में बादल भी छायेंगे;
राहों के कांटे खुद को,
खुद ही हटायेंगे।

सूरज भी निकलेगा, सितारे भी टूटेंगे;
ठूंठ हुए पौधे से भी, अंकुर यारों फूटेंगे।
झूमेंगे, गाएंगे, द्रुम, स्वागत को बरसायेंगे कुसुम;
चलना अभी शुरू किया है, चलते जायेंगे;
पथ अवरोधक ये पर्वत, खुद को झुकायेंगे।

हर एक रात खत्म होती, होता दिन का उजाला;
थोड़ी-सी हिम्मत और दिखा दो, बना लो खुद को ज्वाला।
पतवार थाम ली है, होना अब रवाना है;
लहरों से टकराकर, समंदर को झुकाना है;
कश्ती की ओर किनारे, खिंचे चले आयेंगे।

"शुरुआत हमेशा छोटे-छोटे प्रयासों से करनी चाहिये। कोई यह प्रतिज्ञा करे कि मैं अब कभी चाय नहीं पिऊँगा, गुटका नहीं खाऊँगा, सिगरेट नहीं पिऊँगा, चार रोटी खाता था लेकिन अब एक ही खाऊँगा, तो यह कर पाना मुश्किल है। सिर्फ एक दिन के लिये यह प्रतिज्ञा कर लें कि आज गुटका नहीं खाऊँगा, सिगरेट नहीं पियूँगा, एक रोटी कम खाऊँगा। एक दिन के प्रयोग में सफल हुए, तो इसको बार-बार दोहरायें। मंजिल नजर आने लग जायेगी। एक दिन पढ़ने के लिये इस प्रतिज्ञा के साथ बैठना कि आज एक घंटा पढ़ूँगा। अब इसको कुछ दिन लगातार जारी रखकर, किसी दिन कुछ घंटे की, और फिर उसके बाद एक दिन की पढ़ाई करने की प्रतिज्ञा कर लेना। भगवान की भक्ति, पढ़ाई और अपने पैशन को फॉलो करते वक्त घंटे नहीं देखे जाते।" – शिक्षाविद्, सुभाष चारण

चक्रव्यूह में फँस जाओगे

दिल की अगर ना सुन पाओगे,
चक्रव्यूह में फँस जाओगे;
चले थे जहाँ से आखिर में,
लौट वहीं पर आओगे।

नसीब पर जो किया भरोसा,
साथ ग्लोब का पाओगे;
नहीं मिलेगी मंजिल,
उसे गोल-गोल घुमाओगे;
आखिर में तुम पागल होकर,
सपनों को तुड़वाओगे।

मान लो अब मेरी बात,
सुनो अपनी अंतरात्मा की आवाज;

दिन तो होगा ही अपना,
अपनी होगी रात।

दिल ने अगर ठान लिया,
सपने टूटे सजाओगे।

पुनरावृत्ति (रिवीजन)

माइंड, नई सूचनाओं को 80 से 100% तक सिर्फ 24 घंटे के लिये ही स्टोर कर पाता है। इसके बाद भूलने का चक्कर शुरू हो जाता है। इसलिए, पहला रिवीजन 24 घंटे समाप्त होने से पहले हो जाना चाहिये। अगला रिवीजन 7 दिन में और उसके बाद महीने में एक बार टॉपिक को रिवाइज कर लेना चाहिये। एक दिन में कई बार रिवीजन करने के बजाय थोड़े-थोड़े अंतराल में रिवीजन करें। गणित पढ़ने पर ब्रेन का अलग भाग, जबकि इतिहास पढ़ने पर ब्रेन का अलग भाग ज्यादा कार्य करता है। जब एक भाग ज्यादा कार्य कर रहा होता है, तो दूसरे को आराम मिलता है। इसलिए, सब्जेक्ट बदलकर पढ़ने से थकावट कम महसूस होती है। एग्जाम में बेहतर प्रदर्शन के लिये अच्छी नींद लें।

"याद करने का सही तरीका है, बार-बार पढ़ें व लिखकर याद करें। लिखकर याद करना नोट्स बनाने से अलग है। पहली रीडिंग में किताब 30% तक समझ में आती है और उसके 10% का नोट्स बना लिया। 10% को ही बार-बार पढ़ते रहना बड़ी गलती है। नोट्स दसवीं रीडिंग में नहीं बनाए थे। इसलिए, आपको पता ही नहीं होगा कि आपने क्या इम्पोर्टेन्ट चीजें छोड़ दी हैं।" – आईएएस, इरा सिंघल

बिल, पिछले 20 साल से स्टॉक ब्रोकर था। उसे एक दिन कॉलेज प्रोफेसर बनने की इच्छा हुई। लोगों ने कहा कि इस उम्र में नहीं हो पाएगा मगर बिल ने उनकी बात नहीं मानी। जब उसने आगे की पढ़ाई के लिये कॉलेज में एडमिशन लिया, तो उसकी उम्र 51 साल थी। एक दिन वही बिल, कॉलेज के इकोनॉमिक्स डिपार्टमेंट के चेयरमैन बने।

उठाओ यारों रिस्क

आगे अगर बढ़ना है,
उठाओ यारों रिस्क;
चौके से नहीं चलेगा काम,
मारो सीधा सिक्स।

होगा एक दिन तुम्हारा भी फ्यूचर,
हार्ट को रखो प्रिजर्व;
अपना लो तुम उनकी कल्चर,
मंज़िल दे दिखाई जब।
टूट पड़ो तुम बनके वल्चर,

सुन लो तुम ध्यान से;
फिर ना कहना, व्हाट इस दिस;
मूवेबल जो दिखता है,
वह भी यहाँ होता है फिक्स।

बैटरी कर लो अपनी चार्ज, वरना हो जायेगी डिस्चार्ज।

ब्रेन भी होगा सुपर फास्ट, बना लो एक डिस्कशन साईट;

अपना कुछ नहीं बिगड़ेगा लाइक करो या डिस्लाइक।

माइंड अपना कंप्यूटर है, क्यों रखे हम डिस्क!

4. गलती स्वीकारें, महान बनने का प्रयास न करें

कोई गलती हुई है, तो उसे धैर्य के साथ स्वीकार करें और वादा करें कि भविष्य में दोहराई नहीं जायेगी। जब गलती स्वीकार ही नहीं की जायेगी, तो उसके सुधार की बात करना मूर्खता होगी। यहाँ सभी को खुश नहीं किया जा सकता है। अपनी समझ से फैसला लें कि क्या सही है और क्या गलत है। कई बार पता होते हुए भी गलत को रोका नहीं जा सकेगा, मगर उसके परिणामों को सुधारा जा सकता है। महानता या महिमा की राहें भावनात्मक मृत्यु की ओर ले जाती है। इसलिए, दिखावे को कभी भी वास्तविक जीवन से बड़ा नहीं होने दें महानता को अपने आप पर थोपे नहीं।

"पेरेंट्स से बहस करके गुस्से से कमरे में चले गये। जब गुस्सा शांत हुआ, तो महसूस हुआ कि आप गलत थे, मगर माफी नहीं माँगी क्योंकि ऐसा करने में शर्म महसूस हो रही थी। याद रखें कि यहाँ आप गलत काम के लिये माफी नहीं माँग रहे होते, जो आपने किया है या नहीं किया है। आप माफी माँगिये क्योंकि आपने समझदारी से हालातों को नहीं संभाला। आपने थोड़ी-सी समझदारी दिखाई होती, तो बात झगड़े तक नहीं आती। माफी माँगने से झगड़े की ओर जा रही राहें बातचीत की ओर मुड़ जाती हैं।" - रिचर्ड टेंपलर (रूल ऑफ लाइफ)

महसूस करके गलती

जब हद से आगे बढ़ता हूँ
दिल रुक जाता है,
चंद पल करवा सकते हैं
हम दोनों को हमेशा के लिये जुदा,
संभलना जरूरी हो जाता है

कई बार मापा है,
तो कई बार तोला भी है;
लगता है मुझे
मेरा मन ब्रह्मांड से भी बड़ा है,
हर एक अच्छाई-बुराई

एक छोटा बिन्दु बनकर
उसमें समा जाती है।

पानी छन-छनकर
जमीन में चला जाता है,
गंदगी छोड़ जाता है चेहरे पर।
दम घुट रहा है, बतलाना चाहती;

कोई ध्यान नहीं दे रहा उधर।
मन बड़ा चंचल है,
कभी इधर तो कभी उधर;
मैंने समझाया है सब तरह
महसूस करके गलती को,
दिल हल्का हो गया है
पवन की तरह।

"एक लड़की को नाखून काटने की बुरी आदत थी। वह इसके साथ अपनी अंगुलियाँ भी काट लेती थी। ईलाज के दौरान उसे कहा गया कि जब नाखून काटने की इच्छा हो, तो वह कोई दूसरा कार्य करे, जैसे कि टेबल थपथपाना, कुछ खाना, घूमना, गाना सुनना, किताबें पढ़ना इत्यादि, जो भी उसको अच्छा लगे। ईलाज के शुरुआती चरण में वह भूल जाती थी, उसे क्या करना है। धीरे-धीरे उसमें सुधार होने लगा। एक दिन उसकी गलत आदत की जगह अच्छी आदत ने ली। एक अस्पताल बार-बार गलत ऑपरेशन की वजह से बदनाम हो गया। डॉक्टर्स यह मानने के लिये तैयार ही नहीं थे कि उनसे गलती हो रही है। उन्हें लगता था कि ये सब कोई दूसरी पार्टी उन्हें बदनाम करने के लिये कर रही है। अस्पताल टीम से पहली बार डॉ. कूपर ने कहा कि अगर हमारे अंदर कमी है, तो हम उसको सुधारेंगे और उन्होंने अस्पताल के कामकाज को रोक दिया। इस दौरान अस्पतालकर्मियों को ट्रेनिंग दी गयी और उनसे फीडबैक लिया गया, जिससे यह सामने आया कि अस्पताल में लोगों के बीच कम्यूनिकेशन-गैप था। इसके लिये जिम्मेदार लोगों को बाहर का रास्ता दिखाया गया और लोगों को अपने काम के प्रति जवाबदेह बनाया गया। अस्पताल फिर से मरीजों का विश्वास जीतने में कामयाब रहा।" - चार्ल्स डुहिग (द पॉवर ऑफ हैबिट)

इंसानों की कारगुजारी

इंसानों की कारगुजारी
नहीं रोक सकती दरिया का बहाव;

अपनी पर जब आते हैं
दे जाते हैं गहरे घाव।

गहरी घाटियाँ बना डाली
निर्मल पानी ने करके कटाव;

सृष्टि के आगे किसी का
उठता नहीं उठाव।
कसकर चाहे पकड़ के रखो,
मौत करवा देती अलगाव;

जाना होता हर हाल में,

आता जब यम का बुलाव।

स्वर्ग नगरी नहीं देखी है,

कितना सुंदर अपना गाँव;

चुनौतियाँ तो आनी ही हैं,

मजबूती से गाड़ो पाँव।

कुख्यात दस्यु से महान ऋषि तक का सफर

कुख्यात डाकू, रत्नाकर ने एक बार नारद मुनि को लूटने के लिये बंदी बना लिया। नारद ने पूछा – "जिन लोगों के लिये तुम ये अपराध कर रहे हो, क्या वे तुम्हारे पाप का भागीदार बनने के लिये तैयार हैं? तुम मुझे बंदी बन कर अपने घर जाओ और अपने सगे-संबंधियों से पूछो कि क्या वे इस पाप में तुम्हारे साथ हैं?" रत्नाकर को यह बात सही लगी। घर जाकर उसने अपनी पत्नी से पूछा, "मैं जो पाप करता हूँ, तुम उसमें मेरे साथ हो?" पत्नी ने कहा, "स्वामी! आप इस परिवार के पालक हैं। यह आपका कर्त्तव्य है। इसमें मेरा कोई हिस्सा नहीं है।" रत्नाकर के पिता भी यही बोले - "बेटा! ये तो तेरी कमाई है। इसमें हमारी कोई हिस्सेदारी नहीं है।" रत्नाकर वापस नारद मुनि के पास गया और उनके चरणों में गिर गया। नारद मुनि ने उसे उठाया और कहा, "इस धरती पर तुम जो भी कार्य करते हो, सबका पाप-पुण्य तुम्हें ही मिलेगा। अपने सभी कुकृत्यों के लिये तुम ही जिम्मेदार हो।" अपने पापों का पश्चाताप करने के लिये रत्नाकर वहीं जंगल में तपस्या करने बैठ गया। रत्नाकर तप में इतना लीन हो गया कि उसके शरीर पर दीमक ने बॉम्बी बना लिया और उसे मिट्टी ने ढँक दिया। जब ब्रह्मा ने रत्नाकर को एंथिल या वाल्मीका से ढँका देखा, तो उसे वाल्मीकि नाम दिया। आगे चलकर इन्होंने दुनिया के सबसे पवित्र ग्रंथों में एक 'रामायण' की रचना की। महर्षि वाल्मीकि ने ही रामायण को संस्कृत में लिखा था।

कहा जाता है कि 'ध्यान हमेशा गोल पर होना चाहिये क्योंकि बेहद छोटा-सा भटकाव भी बड़े सपने को तोड़ सकता है'। फ्लाइंग सिख के नाम से मशहूर 'मिल्खा सिंह' अपने कैरियर की सबसे बड़ी रेस 0.1 सैकंड से उस एथलीट से हार गये थे, जिसे हराकर कभी उन्होंने कॉमनवेल्थ गेम में गोल्ड जीता था। ये अलग बात है कि उनकी उपलब्धियाँ इस हार से कहीं बड़ी हैं क्योंकि एक लड़का जिसके बचपन में ही माता-पिता की हत्या कर दी गई हो, जो शरणार्थी शिविर में रहा हो, जिसने रेलवे स्टेशन के बाहर जूते पॉलिश किये हों, जिसने ट्रेन से सामान चुराया हो और जेल भी गया हो, वह लड़का एक गिलास ज्यादा दूध के लालच में ओलंपिक में आकर खड़ा हो जाता है।

5. अत्यधिक इमोशनल न हों क्योंकि दिल को भी दर्द होता है

बढ़ती उम्र की बीमारी हार्ट अटैक अब जवानी की बीमारी हो चुकी है। एक रिसर्च के अनुसार, भारत में 2015 तक 6.2 करोड़ लोग दिल की बीमारी से जूझ रहे थे। इनमें 2.3 करोड़ लोगों की उम्र 40 साल से कम थी। आगे के वर्षों में ये आँकड़े तेजी से बढ़े हैं। हेल्थ डेटा के अनुसार, अकाल मृत्यु के कारणों में 2005 में दिल की बीमारी तीसरे नंबर पर थी, जो अब पहले नंबर पर है। दिल इतना कमजोर हो गया है कि हर 3.5 मिनट में हार्ट अटैक हो रहा है। एक लंबे समय तक विज्ञान, दिल को सिर्फ पंपिंग मशीन मानता आ रहा था। अब यह धारणा बदल रही है। कई रिसर्च की रिपोर्ट कहती है कि हमारे साथ घटित होने वाली घटनायें दिल पर सीधा असर डालती हैं, जिससे हार्ट अटैक हो जाता है। इसलिए, बेहद दुखदायी बात, जिससे सदमा लग सकता है, उसे फोन या संदेश से बताने के बजाय मुलाकात कर बताना चाहिये, जिससे पीड़ित को संभाला जा सके। दिल को जहाँ भी लगायें, सोच-समझकर लगायें क्योंकि दिल के टूटने से भी दिल टूटता है और आगे चलकर ये स्थिति आत्महत्या की ओर ले जाती है।

दिल से निराश नहीं होते

जिंदगी की रेस में कुछ लोग पीछे छूट जाते हैं;

दौड़ते-दौड़ते राहों में अचानक से उनके हाथ छूट जाते हैं।

एक बड़े सपने के लिये कुछ छोटे सपने टूट जाते हैं।

तीर निशाने पर लगे, सफलता मिले;

तीर निशाना चूके, विफलता मिले;

इन सबके बीच जरूरी है आपके चेहरे हों खिले।

विजय की आस में मिले पराजय, वो दुखदायी होगी;

जो दिल से निराश नहीं होते, फिर हो जाते हैं खड़े;

और दौड़ पड़ते हैं उसी रफ्तार से।

युवाओं में दिल से जुड़ी समस्या बढ़ रही है। इसके पीछे उनकी बिगड़ी हुई लाइफस्टाइल भी जिम्मेदार है। एल्कोहल, स्मोकिंग, टेन्शन, काम का दबाव, अधूरी नींद, गलत खानपान, बॉडी की डीलडौल बनाने वाली दवाईयाँ, स्टेरॉएड आदि इसका जोखिम बढ़ा देते हैं। ये धारणा गलत है कि जिम करने से हार्ट अटैक हो रहे हैं, ऐसा ओवर जिम की वजह से हो रहा है। शरीर एक मशीन की तरह होता है। जरूरत से ज्यादा लोड डालने पर खराब हो जायेगा। नॉर्मली कोई भी इतना हेवी जिम नहीं कर सकता, जितनी स्टेरॉयड व दूसरी दवाओं से होती

है क्योंकि ये शरीर को एक्स्ट्रा एनर्जी देते हैं। इन दवाइयों से और इस तरह की जिम से, शरीर को भारी नुकसान होता है। स्टेरॉयड की वजह से लिवर डैमेज, हार्ट प्रॉब्लम्स, एक्ने, किडनी डिजीज, सेक्शुअल डिसॉर्डर, स्टर्लिटी जैसी गंभीर समस्यायें हो जाती हैं। स्टेरॉयड लेने से व्यवहार में बदलाव आता है और सुसाइड की प्रवृत्ति बढ़ती है। हमेशा मीडियम एक्सरसाइज करें। दिल से जुड़ी समस्या वाले लोग सर्दी में बहुत ज्यादा मॉर्निंग वॉक पर नहीं निकलें। इस दौरान इंडोर एक्सरसाइज की जा सकती है। दिल की बीमारियों से बचने के लिये वजन पर नियंत्रण रखें। हार्ट अटैक की फैमिली हिस्ट्री होने की स्थिति में अतिरिक्त जागरूक होना पड़ेगा। ऐसे लोगों को रेग्युलर चेकअप करवाना चाहिये। कोविड महामारी के बाद युवाओं में हार्ट अटैक के बढ़ते केस को लेकर आईसीएमआर की स्टडी सामने आई है, जिस पर बात करते हुए केन्द्रीय स्वास्थ्य मंत्री ने बताया कि कोविड से गंभीर बीमार हुए लोग 2 साल तक बहुत ज्यादा भागदौड़ या मेहनत वाले कार्य करने से बचें।

धीरे-धीरे रे मना
धीरे सब कुछ होय।
माली सींचे सो घड़ा
ऋतु आये फल होय।। - संत कबीर

दिल नाउम्मीद तो नहीं
नाकाम ही तो है।
लंबी है गम की शाम
मगर शाम ही तो है। - फैज़ अहमद फैज

मुद्दतों बाद चला उनपे हमारा जादू
मुद्दतों बाद हमें बात बनानी आई
मुद्दतों बाद पशेमाँ हुआ दरिया हमसे
मुद्दतों बाद हमें प्यास बुझानी आई।
मुद्दतों बाद मयस्सर हुआ माँ का आँचल

मुद्दतों बाद हमें नींद सुहानी आई,
इतनी आसानी से मिलती नहीं फ़न की दौलत
ढल गई उम्र तो ग़ज़लों पे जवानी आई।
- इक़बाल

कम-से-कम एक व्यक्ति से अनकन्डीशनल लव करें और उसे अपने दिल की बात कहें। सुसाइड का विचार आये, तो तुरंत उस व्यक्ति से संपर्क करें और अपने विचार को साझा करें। भले ही यह सब बताने में आपको झिझक हो रही हो, लेकिन बतायें। अपनी भावनाओं को व्यक्त करें, चीखने-चिल्लाने या रोने का मन कर रहा हो, तो जरूर करें। अगर सबके सामने शर्म आती हो, तो यह अकेले में करें। दूसरों की सहायता करने व अपना कार्य पूर्ण करने से हैप्पी हार्मोन्स रिलीज होते हैं। पशु-पक्षियों को खाना-दाना दीजिए, इससे अच्छा महसूस

होगा। डॉ. कार्ल मैनिंगर से किसी ने पूछा कि नर्वस ब्रेकडाउन वाले मरीज को क्या करना चाहिये। डॉ. मैनिंगर बोले, "उसे दूसरों की सहायता करनी चाहिये।"

"शरीर को दूसरी आवश्यकताओं की तरह प्रेम भी आवश्यक है। प्रेम एक फीलिंग है, जो व्यक्ति या वस्तु, किसी से भी हो सकता है।" – न्यूरोसाइंटिस्ट, स्टीफेनल कोचोप्पा

"जीवन में कभी-कभी सिर्फ गले लगाने की जरूरत होती है। कोई शब्द नहीं, कोई सलाह नहीं, सिर्फ एक आलिंगन बेहतर महसूस करवा सकता है।" - अज्ञात

"मैं बहुत परेशान था। मैं चाहता था कि मेरी मानसिक स्थिति को कोई सुन ले, समझ ले और मुझे मरने से रोक ले। इसके लिये मैंने दो कॉल की लेकिन किसी ने मुझसे बात नहीं की। उसके बाद मैंने जहर पी लिया। मुझे 10 दिन बाद होश आया। ये सब कुछ अवॉयड हो सकता था, अगर कोई 1-2 मिनट मुझसे बात कर लेता। अच्छी जॉब, अच्छा खाना, पैसा, घर, खुद के लिये समय, मेरे पास सबकुछ था, मगर मैं खुश नहीं था। हमारे अंदर एक खोखलापन होता है, जिसको हम कंज्यूम करके भरने की कोशिश करते रहते हैं।" - रॉबिन सिंह

तूफ़ानी लहरें हो, अंबर के पहरे हो;
पुरवा के दामन पर, दाग बहुत गहरे हो।
राजवंश रूठे हो, राजमुकुट टूटे हो;
सीतापति राघव से, राजमहल छूटे हो।
जीवन के क्रम में जो खोया है, पाना है;
पतझड़ का मतलब है, फिर बसंत आना है।
- डॉ. कुमार विश्वास।

"आपके परिवार या पड़ोस में कोई डिप्रेशन से पीड़ित हो, तो उससे बात करें। उसे समझायें कि उसकी तकलीफ का ईलाज है। हर किसी के लिये पहला कदम बहुत मुश्किल होता है। इसलिए, उससे कहें कि वह अगर डॉक्टर के पास नहीं जाना चाहता, तो आप उसके साथ चल सकते हैं। आप उससे पूछ सकते हैं – 'क्या मैं तुम्हारे लिये डॉक्टर से अपॉइंटमेंट ले लूँ?' लोगों के दिमाग में रहता है कि दवाइयों से दूसरी समस्यायें हो सकती हैं। दवाओं का काम स्वास्थ्य को बेहतर बनाना है। हो सकता है कुछ दवाइयों के साइड इफेक्ट हों, मगर वे फायदे की तुलना में बहुत कम होते हैं।" – काउंसलर, कविता श्रीराम

तू शुरुआत तो कर!

तेरे चेहरे का रोशन नूर देखकर, क्या पता सूरज को एहसास हो जाये;

तेरी आँखों की गहरी नमी देखकर, समंदर को जहां भर की प्यास हो जाये;

दुनिया है खामोश, तू आवाज तो कर! क्या पता तू ही कल का इतिहास हो जाये।

तन्हा है, किसी से दिल की बात तो कर! क्या पता जिंदगी भर का साथ हो जाये

चल उठा ले वो कश्ती, खड़ी जो किनारे पे! मंजिल भी मिलेगी, आज आगाज हो जाये।

मुश्किल है ये सफर, मान भी लें अगर, क्यों ना अपने लोहे की जाँच हो जाये!

मौत से ना डर, वो ही तेरा अंजाम है! इसी बहाने क्यों ना जीने का अहसास हो जाये।

जिंदा है तू, रूह कैद है तुझमें! मरने से तेरे, क्यों ना वो आज़ाद हो जाये!

मत सोच अंजाम को, जो खड़ा है उस पार! मत सोच तेरा माँझी कब शैतान हो जाये!

यहाँ सब बदलेगा, तू शुरुआत तो कर! क्या पता तुझे देख सब इंसान हो जाये।

- आईपीएस विक्रम दहिया

"समंदर में फना होना तो किस्मत की बात है; जो मरते हैं किनारे पर, दुःख उनका होता है।" - अज्ञात

कई बार हम इतने इमोशनल डिपेंडेंट हो जाते हैं कि अपना भला-बुरा भी नहीं सोच पाते। नवयुवक-युवतियाँ घर से भागकर शादी कर लेते हैं। उनको शादी करने का हक है, मगर पहले उनका भविष्य सुरक्षित तो हो! उनके पास जीवन जीने के लिये जरूरी संसाधन तो हो! पहले सफल बनिए, अपना भविष्य संवारिये, उसके बाद इस तरह का फैसला लीजिये!

कुछ ना हुए, तो ना सही!

कुछ ना बने, तो ना सही!

कुछ ना मिले, तो ना सही!

कुछ ना रहे, तो ना सही!

एक पेड़ हमने प्यार का,

कामिल लगाया है जरूर;

फल आ गये, तो ठीक है;

वो ना फले, तो ना सही!

- गीतकार इरशाद कामिल

घर छोड़ना और घर से भागना दोनों अलग बात है। घर छोड़ना अच्छा या बुरा हो सकता है, जो कठिनाइयों से भरा होगा लेकिन घर से भागना हमेशा नुकसानदायक साबित होता है। कई

बार हालात इतने बिगड़ जाते हैं कि घर छोड़ना मजबूरी हो जाती है। ये फैसला जीवन की सुरक्षा के लिये लिया जाता है, जबकि घर से भागने का फैसला जीवन को मुसीबतों में डाल देता है। विक्की हाउ के अनुसार, इस तरह के मामलों में अवसाद, तलाक, आत्महत्या जैसी घटनायें ज्यादा होती हैं। क्रोध या जल्दबाजी में किये गये निर्णय का पछतावा उम्र भर रह सकता है। घर से भागने पर, पकड़े जाने का, लुट जाने का, बलात्कार या हत्या का जोखिम उठाते हैं। घर से भागी और गृहविहीन 80% लड़कियों ने बताया कि उनका यौन शोषण हुआ है। इनमें से 43% लड़कियों को बलपूर्वक वेश्यावृत्ति के लिये मजबूर किया गया। अगर ऐसा कुछ हो, तो तुरंत महिला हेल्पलाइन नंबर (1091) या 100 पर सहायता के लिये कॉल करें।

जीवन में एक सितारा था
माना वो बेहद प्यारा था
वह डूब गया तो डूब गया
बोलो टूटे तारों पर
कब अम्बर शोक मनाता है।

जीवन में था एक कुसुम
थे उस पर नित्य न्योछावर तुम
वो सूख गया तो सूख गया
बोलो सूखे फूलों पर
कब मधुवन शोक मनाता है।
- कवि हरिवंश राय बच्चन।

किसी समस्या को इतना बढ़ने ही न दें कि मजबूरन घर छोड़ना पड़े। समस्या का सामना करें, भागकर उसे और न बढ़ायें। कई बार हमें लगता है कि हम सही हैं, मगर ऐसा होता नहीं है। जीवन को पूरी तरह से बदल डालने वाले निर्णय लेने से पहले खुद को सोचने-समझने का पर्याप्त समय दें। परिवार के साथ बिताये अच्छे दिनों को याद करें। उन प्रियजनों के बारे में सोचें, जो आपकी हर संभव मदद को तैयार रहते हैं और जो आपके फैसले से प्रभावित होंगे। अपनी मनोदशा और घर छोड़ने के फायदे व नुकसान लिखिये। उनपर चिंतन कीजिये। आप कहाँ जायेंगे, कैसे जायेंगे, क्या खायेंगे, बीमार हो गये, तो क्या करेंगे? जब करो या मरो वाले हालात उत्पन्न हो जायें और जीवन ही असुरक्षित लगने लगे, तो जीवन की सुरक्षा के लिये घर को छोड़ें, घर से भागें नहीं।

मंजिलें बहुत हैं, अफ़साने बहुत हैं
राह-ए-जिंदगी में इम्तिहान आने बहुत हैं
मत करो गिला उसका जो मिला नहीं
इस दुनिया में खुश रहने के बहाने बहुत हैं।
- अज्ञात

एनसीआरबी के अनुसार, देश में होने वाली हत्याओं में हर 10वीं हत्या का कारण लव अफेयर है, जो तीसरे नंबर पर आता है। घर से बाहर होने पर ठहरने की जगह की सुरक्षा की जाँच कर लें। इसके बारे में आपने किसी निकटतम जन को जरूर बता दें। प्यार में फँसाकर या शादी का झाँसा देकर ब्लैकमेल किया जा सकता है। ऐसे हालातों से डरे नहीं, कानूनी तरीके से निपटें।

"आपको तय करना है कि आप अनुशासन की कीमत चुकायेंगे या अफसोस की।" - टीम कोनर

> तआरुफ़ रोग बन जाये, तो उसको भूलना बेहतर
> तआलुक बोझ बन जाये, तो उसको तोड़ना अच्छा।
> वो अफसाना जिसे अंजाम तक लाना न हो मुमकिन
> उसे इक खूबसूरत मोड़ देकर छोड़ना अच्छा
>
> - साहिर लुधियानवी

"मैं अपना अधूरापन भरने के लिये प्यार कर रहा था। प्यार करने की इससे गलत वजह कोई और नहीं हो सकती। आप चाहते हैं कि कोई और आये और आपको भर दे। मुझे लगता है कि प्यार एक भरे हुए इंसान का काम है, जो खुद इतना भर गया है कि उस प्यार को बाँटना चाहता है। मैंने जिस तरह से प्यार किया, वह शायद सही नहीं था। इसीलिए, मैं नाकाम रहा।"
– साहित्यकार, मनोज मुंतशिर शुक्ला

बहुत असंभव आविष्कार किये प्रेम ने
और अंततः हमें मनुष्य बनाया
प्रेम ने हमारी उबड़-खाबड़ जाहिल सी
भाषा को कविता की कला सिखाई।
एकांत की दुआ माँगना
जिंदगी के घोर कोलाहल में

संभव नहीं था प्रेम के बिना
सुंदरता का अर्थ समझना,
प्रेम होना ही सबसे बड़ी सफलता है
कोई असफल कैसे हो सकता है प्रेम में।
- कवि हेमंत देवलेकर

6. रिश्तों में प्यार और विश्वास घोलिये

पारिवारिक कलह की वजह से भी आत्महत्याएँ बढ़ रही हैं। एनसीआरबी ने पारिवारिक कलह को आत्महत्या की सबसे बड़ी वजह बताया है। आधुनिक जीवनशैली से बदलते सामाजिक माहौल ने पारिवारिक विवाद में बढ़ोत्तरी की है, जिससे परिवार टूट रहे हैं। सपनों का बोझ, काम का दबाव, पारिवारिक विवाद मिलकर स्थिति को बद से बदतर बना देते हैं।

इंसान-इंसान से दूर जा रहा है, यह कैसा विज्ञान का युग आ रहा है;

विज्ञान के बिना अधूरा है जीवन, विज्ञान ही जीवन पर कहर ढा रहा है।

पत्रकार तृप्ति शर्मा लिखती हैं - "तनाव का सबसे बड़ा कारण रिश्तों में विश्वास का न होना भी है।" कोई रिश्ता ऐसा नहीं है, जिसमें झगड़ा न हो। लेकिन कई बार बात बहुत ज्यादा बिगड़ जाती है। परिवार के मुखिया, परिवार को अपने तरीके से चलाना चाहते हैं। पुरुष की बात करें, तो कोई कहीं जायेगा, तो उससे पूछेगा। महिला मुखिया की बात करें, तो घर की साफ-सफाई में कमियाँ निकालना, जैसे कि फ्लोर गंदा रह गया, बर्तन अच्छे से साफ नहीं हुए, कोई काम ठीक से नहीं आता, ये ऐसे क्यों हुआ, ये ऐसे नहीं होना था, ये वैसे क्यों नहीं हुआ, यह थोड़े ही करना था इत्यादि। किसी दिन घर में आपकी रुचि का खाना नहीं बना, तो झगड़ने की बजाय खाना बनाने वाले को धन्यवाद कीजिये क्योंकि आपके लिये खाना बनाया गया है। घर में आपके आतंक की दहशत हमेशा नहीं सही जायेगी। हर काम में कमियाँ निकालने वाले को कोई पसंद नहीं करता। अपने आपको पूर्णतावादी (परफेक्टनिस्ट) और बाकी परिजनों को निकम्मा (यूजलेस) ना समझें। इससे तनाव बढ़ता है, जो किसी दिन परिवार को तोड़ देगा। सास अपने बनाये कानून बहू पर थोपती है और बहू हद से ज्यादा बाहर की आजादी चाहती है। इस चक्कर में बात बिगड़ जाती है। सास, बहु को घर में एडजस्ट होने का टाइम दे व बहु भी ससुराल को अपना घर समझे। याद रखें, घर के माहौल का असर बच्चों पर भी होता है। आगे जाकर उनका व्यवहार भी ऐसा हो सकता है। जब भी किसी व्यक्ति पर इतना क्रोध आये और मारपीट करने की इच्छा हो, तो कुछ समय के लिये उस व्यक्ति से दूर चले जायें। इससे बड़े नुकसान से बचा जा सकता है।

"दासता मानवीय आत्मा के विरुद्ध है, भगवान ने समस्त प्राणियों को स्वतंत्र बनाया है।" - विपिन चन्द्र पाल

मिनाक्षी (बदला हुआ नाम) की शादी हुई और जब वह ससुराल आई, तो उसके साथ बुरा बर्ताव किया गया। उसकी सास उसके हर काम में कमियाँ निकालती, हमेशा उसे डाँटती और दूसरों के सामने नीचा दिखाने की कोशिश करती। ये सब घर के अनुशासन का हिस्सा नहीं हो सकता था। उसने कई बार इस बारे में अपनी सास से बात करने की कोशिश की लेकिन कोई फायदा नहीं हुआ। हर बार बातचीत झगड़े के साथ खत्म हो जाती। प्रेग्नेंसी के दौरान हार्मोन्स में बदलाव से हल्का स्ट्रेस होना सामान्य है, लेकिन लंबे समय तक तनाव में रहने से मिसकैरेज का खतरा 40% तक बढ़ जाता है और उसके साथ ऐसा हो भी चुका है। लेकिन वह कुछ कर नहीं पा रही है। पारिवारिक कलह, अपनी सीमायें लाँघने लगा है। वह नहीं समझ पा रही है कि वह अपना मानसिक स्वास्थ्य संभाले या परिवार को टूटने से बचाये।

पारिवारिक कलह और सुसाइड सरवाइवर्स की आत्मकथाएँ

"ससुराल में हुए शारीरिक और मानसिक अत्याचार से परेशान होकर मैं पापा के पास रहने आ गई, लेकिन यहाँ समाज का अत्याचार शुरू हो गया। इन सबसे तंग आकर एक दिन मैंने जहर पी लिया, लेकिन मैं बच गई थी। अस्पताल में पापा के दोस्त मुझसे मिलने आये। सभी का यही कहना था - 'लड़की, ये तू क्या कर रही थी! तुझे मालूम है अगर तू मर गई होती, तो ये समाज कहता कि माहदेव की लड़की ने जरूर ऐसा कुछ गलत काम किया होगा, जिस वजह से उसने आत्महत्या कर ली।' इसके बाद मैंने सोच लिया कि अब मरने कि बात नहीं होगी। मैंने नौकरी की तलाश की लेकिन नहीं मिली। फिर मैंने माँ से कहा - 'मुझे मुंबई भेज दो, वहाँ नौकरी मिल जायेगी।' मुंबई में मैंने एक होजरी कंपनी में दो रुपये प्रतिदिन के हिसाब से नौकरी की। उसके बाद मैंने 50 हजार का लोन लिया और अपना काम शुरू किया। मेरी शुरुआत दो रुपये से हुई थी, आज मैं दो हजार करोड़ की कंपनी की मालकिन हूँ। आप भी बहुत कुछ कर सकते हैं। जरूरत है एक कदम उठाने की, हिम्मत की, मेहनत की, ईमानदारी की और एक जुनून की।" – पद्मश्री, कल्पना सरोज

"जिंदगी में सबकुछ सही चल रहा था। पता नहीं चला कि मैं कब सुसाइड तक पहुँच गया। मैं संयुक्त परिवार से हूँ। मेरी पत्नी को यह पसंद नहीं था। इसी बीच मुझे वुमन कमिशन से नोटिस मिला। मेरी पत्नी ने मेरे खिलाफ शिकायत कर दी थी। इस चक्कर में मेरी नौकरी भी चली गई। मुझे लगता था कि मेरी वजह से पूरा परिवार परेशान है। बस यही सोचकर मैंने जहर खा लिया। जिन लोगों कि परेशानी दूर करने के लिये मैंने सुसाइड का प्रयास किया, इससे उनकी परेशानी और बढ़ गई थी। मैं अपने ही फैसले से पछता रहा था। इन हादसे से

उबरने के बाद मैं अपनी पत्नी से मिलने गया और उससे पूछा कि वह क्या चाहती है। उसे तलाक चाहिये, पैसा चाहिये या मेरा साथ चाहिये। वह जो चाहती है, वही होगा। धीरे-धीरे चीजें पटरी पर लौटने लगीं। खुद को डिप्रेशन से निकालने के लिये मैंने बहुत मेहनत की है। खुद को मजबूत बनाया, डॉक्टर से मिला, दवाईयाँ खाईं, कई बार काउंसलिंग करवाई। मैं कहना चाहूँगा कि आत्महत्या का फैसला किसी को खुशी नहीं देता। जिंदगी में हार जाना सिर्फ आपकी नहीं बल्कि आपसे जुड़े हुए हर व्यक्ति की हार होती है।" - गगन पार्चा (क्रेडिट: हिमानी दीवान, गाँव कनेक्शन)

"पिता की मृत्यु से शालिनी के परिवार की आर्थिक स्थिति गड़बड़ा गई और उसकी शादी कर दी गई। शादी के 10 दिन बाद ही उसका सरकारी नौकरी में चयन हो गया, मगर परिवार ने नौकरी करने की अनुमति नहीं दी। ससुराल में उसके साथ इमोशनल एब्यूज हुए। शालिनी बताती हैं कि तमाम परेशानियों के बावजूद मैंने कभी सुसाइड का नहीं सोचा, परन्तु एक दिन घर में कुछ ऐसा हुआ कि अपनी परेशानियों से बाहर निकलने का मुझे एक ही रास्ता नजर आया। मैं रात को किसी को कुछ बताये बिना घर से निकली और पास ही में स्थित ब्रिज पर जाकर खड़ी हो गयी। अब तक मेरे परिजनों को मेरे घर से निकलने की बात पता चल गयी थी। मेरे पति मुझे ढूँढ़ते हुए ब्रिज पर आ गये थे। वे मुझसे 50 मीटर की दूरी पर थे, तो मैंने कहा - 'आगे मत बढ़ना, वरना नीचे कूद जाऊँगी।' यह सुनकर वे रुक गये और मेरे बेटे को अपने हाथ से आगे कर दिया। यह मेरे जीवन का सबसे भावुक पल था। मैंने उस नन्ही जान को देखा, तो मुझे जीवन का एहसास हुआ। मैं वो महिला हूँ जिसने खुद एक जीवन का निर्माण किया है, तो फिर मैं जीवन कैसे ले सकती हूँ, फिर चाहे वह मेरा खुद का ही क्यों न हो! मैं अपने बच्चे की छोटी-से-छोटी चीज के लिये संवेदनशील रहा करती थी। मुझे अपनी माँ की याद आई। क्या उसने मुझे इस दिन के लिये पैदा किया था? मैं ब्रिज से नीचे देख रही थी। मुझे लगा आत्महत्या एक बेहद सरल निर्णय है, जिसे कोई भी ले सकता है, परंतु जिंदगी में आगे बढ़ना और जिंदगी जीने का साहस दिखाना बेहद कठिन है। मैं अपने पति और बच्चे की ओर दौड़ी और उनके गले लग गयी। मैंने उन्हें अपनी इच्छा बताई। मेरे परिजनों ने मेरी बात सुनी और उसे समझने की कोशिश की। यह इतना भी कठिन नहीं था, जितना मैं समझ रही थी। जिंदगी चुनने के बाद मुझे एहसास हुआ कि यह एक खूबसूरत यात्रा है, जिसमें कठिनाइयाँ भी आयेंगी। जिंदगी पहाड़ों की तरह है - चढ़ते हुए तो परेशानी होगी, परन्तु ऊँचाई पर पहुँचकर खूबसूरत नजारा देखने को मिलेगा जिससे आँखों को शीतलता व मन को शांति प्राप्त होगी। अब तक मैं लोगों की बातें सुनकर चुपचाप बैठी रोती रहती और अपने

जीवन को कोसती रहती थी, परंतु मृत्यु को सामने देखकर मुझे एहसास हुआ कि मेरा जीवन कितना कीमती है। कभी-कभी हम बिना प्रयास के गलत निर्णय ले लेते हैं। कुछ लोग मौत के मुहाने से वापस लौट आते हैं क्योंकि जिंदगी के बहुत सारे शानदार अनुभव उनका इंतजार कर रहे होते हैं।" - शालिनी मिश्रा (क्रेडिट: अंजलि कुमारी, हेल्थ शॉट)

"मैंने परिजनों की बात मानकर उनकी मर्जी से शादी की लेकिन जब शादी में समस्या आई, तो मेरा साथ देने के बजाय वे मुझे ही सब सहन करने और समझौता करने को कहने लगे। मेरी शादीशुदा जिंदगी में झगड़े के अलावा कुछ नहीं था। मैंने माँ-बाबूजी को ये बातें बताईं, पर वे नहीं समझे। मैंने परेशान होकर सुसाइड का कदम उठा लिया। जब अस्पताल में मेरी आँख खुली, तो मुझे जिंदा होने का एहसास और पछतावा दोनों हुआ। हालात ठीक करने के लिये माँ ने बच्चा करने की सलाह दी। मैंने यह सलाह मानकर और बड़ी गलती कर दी। प्रेगनेंसी ने मेरे अंदर के डिप्रेशन, एंजाइटी और आत्महत्या करने की इच्छा को और बढ़ा दिया। मुझे मेरी बच्ची से कोई लगाव महसूस नहीं होता था। मेरी सास मुझे खराब माँ होने की उपाधि दे चुकी थी। उसकी नजर में मैं खराब पत्नी और बहू तो पहले से ही थी। घर में मुझे समझने वाला कोई नहीं था। 3 साल में मैंने दूसरी बार सुसाइड करने की कोशिश की। तब जाकर माँ-बाबूजी को मेरे अंदर का अकेलापन समझ में आया। आज मैं अपनी बेटी के साथ माँ-बाबूजी के पास रहती हूँ। मैं खुश हूँ।" - मंजरी (बदला हुआ नाम) (क्रेडिट: असलेशा ठाकुर, फिट, द क्विंट)

"ये कहकर दिल ने मेरे हौसले बढ़ाए हैं,
गमों की धूप के आगे खुशी के साये हैं।" - माहिर कादरी

"मैं अपने गाँव की पहली लड़की थी, जिसने 10वीं क्लास पास की थी, लेकिन शादी के बाद सब बदल गया। ससुराल में मुझे मार-पीटा गया, खाना नहीं दिया गया, नौकरानी की तरह काम करवाया गया और रखा भी वैसे ही गया। मुझे टीवी देखने की, न्यूज पेपर पढ़ने की अनुमति नहीं थी। मेरे चेहरे, हाथ-पैर, सिर, कमर, पूरे शरीर पर चोट के निशान देखे जा सकते हैं। मैं अब और मार नहीं झेल सकती थी। एक दिन सोचा सुसाइड कर लेती हूँ। मैंने पंखे पर साड़ी से फंदा लगा लिया। मैं एकदम मरने जा रही थी लेकिन ईश्वर यह नहीं चाहते थे। मेरे मानसिक हालात इतने खराब थे कि कमरे की खिड़की बंद करना भूल गई। मैं अपने गले में फंदा डालने वाली ही थी कि मैंने देखा मेरी सास मुझे खिड़की से देख रही है। जब मैंने उनको देखा, तो वो वहाँ से चली गई। उन्होंने मुझे रोकने की, बचाने की या चीखने-चिल्लाने की

कोई कोशिश नहीं की। तब मैंने सोचा, मैं कुछ भी करूँगी, मगर इनके लिये मरूँगी नहीं। इसके बाद मैंने अपने दोनों बच्चों के साथ घर छोड़ दिया। मैंने छोटे-मोटे काम करने शुरू किये, साथ में पढ़ाई भी जारी रखी। मैंने बीए, एमए किया। मेरी ज्वाइनिंग के बाद भी मुझपर अत्याचार हुए। इन सबकी जिम्मेदार मैं खुद ही थी क्योंकि मैं ये सब सहती आ रही थी। मैं अभी भी ये सोचती थी कि इसका पता चलने पर समाज मेरी इज्जत नहीं करेगा। मैं अभी भी इन सबसे लड़ने की बजाय दूर भाग रही थी। मैंने अपना ट्रांसफर करवा लिया। मेरे पति ने वहाँ भी आकर मुझसे मारपीट की। अब तक मैं समाज और इसके बनाये सम्मान के नियमों से डरती आई थी, लेकिन उस दिन मैंने सोच लिया कि ये मुझे आज आखिरी बार मार रहा है। इसके बाद ये ऐसा नहीं कर सकेगा। मैंने वहाँ के एसपी को फोन किया। आज वह दिन था, जब सही में मैंने अपने आपको पहचाना और सही में मैं सविता प्रधान बनी। जो कदम मैंने अब उठाया, ये पहले ही उठा लिया होता, तो मुझे इतनी मानसिक व शारीरिक यातनायें नहीं सहनी पड़तीं। मैं सभी को कहना चाहती हूँ कि आपके साथ हो रही यातना को समाज, परिवार या रिश्तेदारों को देखकर मत सहिये, कोई भी आपकी मदद करने नहीं आता। अपनी मदद खुद करनी होती है।" – आईएएस, सविता प्रधान

बहते - बहते समंदर में समा गई वो, जो खुद में एक पूरी नदी थी
क्या मिला उसको बदले में, उसकी खूबसूरती लवणों द्वारा गला दी गई।
उसका बलिदान जरूर अमर था, मगर ये मिलन नदी की बदकिस्मती थी
कुछ वक्त के लिए उसे याद रखा गया, फिर समंदर के द्वारा ही भूला दी गई।
वे तो बरस कर अपना फर्ज निभा गए;
अपना अस्तित्व बनाए रखना, ये बादलों की नहीं दरिया की जिम्मेदारी थी।

उतार-चढ़ाव जीवन का हिस्सा है

फर्श से अर्श और उसके बाद फर्श तक के सफर की अनेक कहानियाँ हैं, लेकिन इस कहानी ने फिर से अर्श का सफर तय किया, जो सोचने पर नामुमकिन सा लगता है। अनेक मुश्किलों का सामना करते हुए मोहम्मद शमी नेशनल क्रिकेट टीम का हिस्सा बने। सब अच्छा चल रहा था, लेकिन पारिवारिक विवाद में उनपर लगे गंभीर आरोपों ने उनका सबकुछ बदल कर रख दिया। इस दौरान उन्हें टीम से बाहर होना पड़ा। क्रिकेट संस्था बीसीसीआई ने उनका कॉन्ट्रैक्ट रोक दिया। इस दौरान उन्होंने तीन बार सुसाइड करने की सोची, लेकिन फिर फैसला

टाल दिया। जाँच में शमी पर लगे आरोप गलत साबित हुए लेकिन अब टीम में वापसी बड़ी मुश्किल थी। वे अपने गाँव लौट गये और वहीं तैयारी करने लगे। जैसे-तैसे करके उन्होंने फिर से टीम में अपनी जगह पक्की की, लेकिन वर्ल्ड कप के शुरुआती मैचों में उन्हें खेलने का मौका ही नहीं मिला। साथी खिलाड़ी के चोटिल होने पर शमी मैदान में उतरे और उसके बाद जो हुआ, वह क्रिकेट के इतिहास में दर्ज हो गया।

"किनारे वाले तो मिलते-बिछड़ते रहते हैं, इनके वास्ते अब दरिया पर पुल बनाना क्या!

गले लगाने से पहले ये काम करना था, बना लिया उसे अपना तो आजमाना क्या!

और कुछ दिन यहाँ रुकने का वहाना मिलता, इस शहर में कोई तो पुराना मिलता;

मैं जो था, सब मिट्टी था, तुम अगर ढूँढ़ते, तो मुझमें खजाना मिलता।" - शकील आजमी

पारिवारिक कलह से बचने के लिये रिश्तों में कभी गलतफहमियाँ पैदा न होने दें। अगर ऐसा कुछ हो भी गया है, तो बातचीत करके इसे जल्द से जल्द निपटायें। इस दौरान कुछ भी ऐसा न करें, जिससे सामने वाले को परेशानी हो। रिश्तों में टकराव के दौरान झगड़े नहीं, शांति से अपने विचार रखते हुए सामने वाले के विचारों का सम्मान करें। पति-पत्नी में इतनी अंडरस्टैंडिंग होनी चाहिये कि झगड़े का समाधान रात में सोने से पहले हो जाना चाहिये। बात बहुत ज्यादा बिगड़ जाये, तो जरूरी लोगों के अलावा अनावश्यक पार्टियों को इसमें शामिल न करें। रिश्ता ऐसा होना चाहिये कि बुरे वक्त में भी अकेलापन महसूस ना हो। कोई परिजन परेशान नजर आये, तो उसे इग्नोर करने की बजाय समय निकालकर उससे बात करें और जरूरत हो, तो उसकी सहायता भी करें।

अरेंज मैरिज में कई बार ऐसा होता है कि शादी के कुछ वक्त बाद ही पति-पत्नी में पर्सनल मतभेद हो जाते हैं क्योंकि दोनों की सोच नहीं मिलती। इसके बाद आपसी सहमति से तलाक हो जाता है। अलग होने के करीब 10 साल बाद पत्नी को पता चलता है कि उसके पूर्व पति को हार्ट अटैक हुआ है और वो अस्पताल में है। वो अपने आप को रोक नहीं पाती है और मिलने के लिये अस्पताल पहुँच जाती है। इस मुलाकात ने उनके पुराने गिले-शिकवे दूर कर दिये। दोनों ने दूसरी शादी नहीं की थी। दोनों ही महसूस करते हैं कि उनके बीच मतभेद थे, मगर उन्हें इस तरह अलग नहीं होना चाहिये था। रिश्ते को और वक्त देना चाहिये था। उस दौरान उन्हें कोई समझाने वाला नहीं था। इस वजह से ये हुआ। दोनों ही अपनी गलती स्वीकार करते हैं और जिंदगी को फिर से साथ शुरू करने का फैसला करते हैं।

कुछ चीजें मिलकर ही डिसाइड की जा सकती हैं

बेंजामिन जेंडर को एक बार एक विशेष मेहमान को इवेंट में बुलाना था, लेकिन मेहमान आगामी 3 साल के लिये इतने व्यस्त थे कि किसी भी कंडीशन में इवेंट के लिये वक्त नहीं निकाल सकते थे। बेंजामिन ने मेहमान के असिस्टेंट से पूछा, "क्या वे उनसे बात कर सकते हैं?" असिस्टेंट ने बेंजामिन को 10 बजे कॉल करने को कहा। इसके बाद बेंजामिन एयरपोर्ट गये और फ्लाइट पकड़कर वाशिंगटन पहुँच गये। असिस्टेंट ने देखा कि बेंजामिन फोन करने के बजाय मिलने ही आ गये, तो उन्हें हैरानी हुई। मुलाकात के दौरान मेहमान को याद आया कि वे बेंजामिन को ऑक्सफोर्ड में पढ़ा चुके हैं। बातचीत के दौरान बेंजामिन ने मेहमान से उनके एक प्रिय दोस्त की चर्चा की, जो म्यूजिक जीनियस थे। इसके बाद बेंजामिन ने मेहमान को इवेंट में अपने प्रिय दोस्त का मास्टरपीस परफोर्म करने को कहा। मेहमान अपने मित्र की यादों में इतना खो गये कि बेंजामिन को ना नहीं कर सके। बेंजामिन, फ्लाइट से वापस लौट रहे थे, तो फ्लाइट असिस्टेंट ने उनसे पूछा - वे तो सुबह ही यहाँ आए थे और ऐसा क्या हुआ कि आज ही वापस लौट रहे हैं? बेंजामिन बोले, "कुछ चीजें मिलकर ही डिसाइड की जा सकती हैं।" - बेंजामिन जेंडर (द आर्ट ऑफ पॉसिबिलिटी)

> "जो खो न सकेगा अपने को, वह बीज बनेगा क्या तरुवर
> विश्वास न जिसको मिटने में, वह छू सकता है कब अंबर
> मिट्टी के नीचे दबकर ही, उठ सकते हैं मिट्टी के ऊपर
> तुम नहीं अपरिचित रह सकते, रज परिचय देगी स्वयं उभर।"
> - कवि कन्हैयालाल सेठिया

"अगर आप उन चीजों की कदर नहीं करते जो आपके पास हैं, तो आप कभी खुश नहीं रह सकते।" - अज्ञात

"मेरे बचपन में माँ डिप्रेशन में चली गयी थी। वो अपनी जिंदगी खत्म करना चाहती थी, साथ में मेरी और बहन की भी। लेकिन हमें पड़ोसियों ने बचा लिया। जब माँ ठीक हुई, तो मैंने पूछा - आपने अपने बॉस को जॉब पर नहीं जाने का सही कारण बताया? तो वो बोलीं - अगर मैं ऐसा करती, तो मेरी जॉब चली जाती!" - डॉ. ग्राहम थॉर्निक्रॉफ्ट

"पत्नी को पैरालिसिस होता है, पति उसकी केयर करता है। एक दिन जब पति जगे नहीं, तो पत्नी देखती है कि वे जीवित नहीं है। वो जैसे-तैसे करके पड़ोसी को फोन लगाती है मगर कुछ बोल नहीं पाती। दरवाजा तोड़ा जाता है। इस सदमे में पत्नी की भी मृत्यु हो जाती है।

अमेरिका में बसे उनके बच्चे आने में असमर्थता जता देते हैं। एक बार एक युवक की मृत्यु की सूचना मिली। मैं वहाँ गया, तो देखा फ्लैट के दोनों तरफ लोग खड़े हैं और पत्नी लाश के पास अकेली बैठी है। कोई भी मदद करने नहीं आया। ऐसे कड़वे अनुभव भूल पाना मुश्किल है।" - जितेंदर सिंह संटी

"हो गयी पीर पर्वत सी पिघलनी चाहिये, इस हिमालय से कोई गंगा निकलनी चाहिये।

सिर्फ हंगामा खड़ा करना मेरा मकसद नहीं, मेरी कोशिश है की ये सूरत बदलनी चाहिये।"

\- दुष्यंत कुमार

रिश्तों में दूरियाँ बढ़ रही हैं, इसकी एक बड़ी वजह सोशल मीडिया भी है। प्रो. एडम वॉल्टर कहते हैं - "सोशल मीडिया वेबसाइट व गेम की डिजाइन लोगों को ज्यादा-से-ज्यादा उपयोग करने के उद्देश्य से बनाई जाती हैं। ये बॉटमलेस होती हैं। स्क्रॉल करते जाइए, करते जाइए, मगर अंत नहीं आता।" लोगों को लुभाने के लिये सोशल मीडिया प्लेटफॉर्म्स 'आर्टिफिशियल इन्टेलिजेन्स' का भी सहारा लेते हैं, जिससे एक बार यहाँ आने के बाद लोग यहीं के होकर रह जाते हैं। मोबाइल फोन के लगातार उपयोग से ऐडिक्शन होने लगता है, जिससे ऑनलाइन रहने की लत लग जाती है। बार-बार फोन चेक करने की इच्छा होती है। डिजिटल ऐडिक्शन से दिमाग को आराम नहीं मिल पाता, जिससे यादाश्त और मानसिक स्वास्थ्य पर बुरा प्रभाव पड़ता है। पति-पत्नी में कोई किसी टॉपिक पर चर्चा करना चाहे, तो दूसरा उसमें रुचि नहीं दिखाता। इससे असहजता बढ़ती है, जिससे रिश्ता कमजोर होता चला जाता है। लोग सोशल मीडिया पर अपडेट करते हैं कि वे ठीक नहीं है, जबकि उनके परिजनों को उनकी इस स्थिति का कुछ पता नहीं होता। ये सब इसी का नतीजा है। यह भी साबित हो चुका है कि जो बच्चे सोशल मीडिया पर जितना ज्यादा वक्त गुजारते हैं, वे मानसिक रूप से उतने ही कमजोर होते चले जाते हैं। आज सोशल मीडिया दुनिया की दूरियाँ घटाने की बजाय मानसिक अवसाद या डिप्रेशन बढ़ा रहा है सोशल मीडिया की वजह से 'अनिद्रा' जैसी समस्या पैदा हो रही है, जो अनेक बड़ी समस्याओं की जड़ है। सोशल मीडिया एक तरह का नशा बनता जा रहा है। इससे छात्रों की पढ़ाई तक प्रभावित हो रही है। भारत में इस तरह की कोई विशेष जागरुकता नहीं है, लेकिन अमेरिका के कई राज्य बेलगाम सोशल मीडिया पर लगाम लगाने व इसके लिये जरूरी नियम-कायदे बनाने के लिये अदालत पहुँचे हैं। लोग सोशल मीडिया को ही सबकुछ मान बैठे हैं। यहाँ के ज्ञान की सच्चाई का फैक्ट-चेक जरूर कर लेना चाहिये। ये दुनिया रील-लाइफ में जितनी सुंदर नजर आती है, रियल में कई बार उतनी ही डरावनी होती है। यहाँ बड़ी चतुराई से ब्रेन वॉश करके गलत काम करने के लिये प्रेरित किया जाता है। यहाँ कथाकथित बड़े लोग अपने दिखावे वाले रुतबे से लोगों को

बहकाने और बेवकूफ बनाने का काम कर रहे हैं। ये बेरोजगार युवाओं को अपना निशाना बनाते हैं। उन्हें बेहद कम समय में बिना कुछ किये पैसे कमाने के सपने दिखाए जाते हैं। बेरोजगार युवाओं को पढ़ाई के नाम पर कोर्स बेचकर उनसे मोटा पैसा वसूल लिया जाता है। ये कोर्स अधिकतर लोगों के किसी काम के नहीं होते। इस तरह के सो कॉल्ड टीचर, मोटिवेशनल स्पीकर से बचकर रहें। टेक्नोलॉजी के बढ़ते प्रसार से टूटते रिश्तों को बचाने के लिये डिजिटल डिटॉक्स करना जरूरी हो गया है। डिजिटल डिटॉक्स एक प्रक्रिया है, जिसमें एक निश्चित समय के लिये सभी तरह के इलेक्ट्रॉनिक्स या डिजिटल डिवाइस से दूर रहकर उस समय को अपने परिजनों के साथ या खुद के साथ व्यतीत किया जाता है। डिजिटल डिटॉक्स के शुरुआती चरण में परेशानी होगी, लेकिन बाद में इससे बड़ा सुकून मिलेगा।

बक रहा था चैनल, नहीं है किसी के पास पैनल।

आई थी फिर गैंग, कर डाला उसको था हैंग।

गर्लफ्रेंड के संग जाता जोग, अच्छा लगता था योग

किसी ने काटा, किसी ने छाँटा, बना दिया दिल का डाटा

अब ना कहीं वो दिल लगाता, उसको कुछ रास न आता

जो कहा, वह करके दिखाता, मंजिल से इन्विटेशन आता।

ऐसे ही है खेलती, लाइफ अपना गेम

होता है डिफरेंट-डिफरेंट, लगता है सब सेम

क्या था तेरा एम, बता! क्यों हो गया बेदम?

चट्टानों से पानी निकले, लगा दो इतना दम।

महिलायें नौकरी करती हैं और घर पर आकर घर का काम भी करती हैं। ऐसे में खुद के लिये बिल्कुल भी समय नहीं निकाल पातीं। पुरुषों को चाहिये कि वे घर के कार्यों में महिलाओं की मदद करें, ताकि उन्हें अपने लिये समय मिल सके। महिलायें परिवार के साथ- साथ खुद की सेहत का भी खयाल रखें। पुरुषों की तुलना में महिलाओं को बहुत ज्यादा बॉडी शेमिंग का शिकार होना पड़ता है, जिसकी वजह से वे कई बार तनाव में आ जाती हैं। महिलाओं की शारीरिक बनावट व पीरियड्स को लेकर आज भी कई तरह की गलत अवधारणाएँ हैं। महिलाओं के शरीर पर बालों का होना अभिशाप नहीं है, बाल सभी के शरीर पर होते हैं लेकिन हार्मोन्स असंतुलन व कुछ बीमारियों में वैली हेयर, टर्मिनल हेयर में बदल जाते हैं, जिसकी वजह से महिलाओं को मानसिक प्रताड़ना झेलनी पड़ती है। शरीर जैसा भी है, उससे प्यार करें। इस तरह की चीजों से अनावश्यक परेशान होने से बचें।

"अगर आप रुकेंगे और हर भौंकने वाले कुत्ते पर पत्थर फेकेंगे, तो आप कभी भी अपने गंतव्य तक नहीं पहुँचेंगे। बेहतर होगा कि हाथ में बिस्किट रखें और आगे बढ़ जायें।" - लोकमान्य गंगाधर तिलक

जोश के साथ होश जरूरी है

अपने से कहीं मजबूत टीमों को हराकर, खेलों के महाकुंभ कहे जाने वाले 'फीफा वर्ल्ड कप' के फाइनल में पहुँचे, फ्रांस और इटली के बीच फाइनल मैच खेला जा रहा था। मैच बेहद रोमांचक मोड़ पर था और पेनल्टी शूटआउट की तरफ बढ़ रहा था। अतिरिक्त समय में कुछ ही पल बाकी थे। इसी दौरान इटली के खिलाड़ी ने फ्रांस के स्टार खिलाड़ी 'जिनेदिन जिदान' को उकसाने के लिये कुछ अपशब्द कहे, जिससे गुस्सा होकर जिदान ने उसकी छाती पर अपना सिर मार दिया। यह इतना जोरदार था कि विपक्षी खिलाड़ी मैदान में ही गिर गये। रेफरी ने जिदान को लाल कार्ड दिखाकर मैदान से बाहर कर दिया और फ्रांस महामुकाबला हार गया। यह मैच जिदान का आखिरी मैच होकर रह गया और इस तरह जिनेदिन जिदान के सुनहरे कैरियर का अंत हो गया। इस वर्ल्ड कप का सर्वश्रेष्ठ खिलाड़ी जिनेदिन जिदान को ही चुना गया, लेकिन यह खिताब गम को नहीं बाँट सकता था।

उसूलों पर जहाँ आँच आये, टकराना जरूरी है
जो जिंदा हो, तो फिर जिंदा नजर आना जरूरी है।
थके-हारे परिंदे जब बसेरे के लिये लौटे
सलीकामंद शाखों का लचक जाना जरूरी है।
- वसीम बरेलवी

7. हर चाहत पूरी नहीं होनी चाहिये

हर चाहत की पूर्ति होने से जीवन का कोई लक्ष्य नहीं रह जाता। सपने देखने से आगे बढ़ने की प्रेरणा मिलती है। जब सैलरी बढ़ती है, तो नई सुविधाएँ खरीदते हैं, जिससे खुशी मिलती है। लग्जरी लाइफ कुछ समय के लिये ही रोमांच पैदा करती है। उसके बाद इंसान इससे ऊबने लगता है। धन और नाम के लालच में लोग इतने अंधे हो जाते हैं कि अपने अंदर जन्म ले रहे खालीपन को ही नहीं देख पाते, जो आगे चलकर सीरियस मेंटल प्रॉब्लम्स में बदल जाता है। एक दिन किसी पड़ाव पर रुककर देखते हैं, तो मालूम होता है कि जिस खुशी को पाने के लिये अपना सबकुछ दाँव पर लगा दिया, वही रूठ गई है। कई बार समस्या इतनी बढ़ जाती

है कि जिनके पास सबकुछ होता है, वे भी सुसाइड कर लेते हैं। दुश्मन-देश की जेल में बंद लोगों पर की गई रिसर्च के अनुसार, जिन लोगों ने अपने लक्ष्य बना रखे थे, वे इस हालत में थे कि अगर उन्हें मौका मिले, तो वे जेल तोड़कर भाग सकते थे। समस्या कितनी भी बड़ी हो, लड़ना खुद से ही पड़ता है। आप खुद इसके लिये तैयार नहीं हैं, तो कोई भी आपकी सहायता नहीं कर सकता। कोई मोटिवेशनल स्पीकर आपके अंदर मोटिवेशन नहीं फूँक सकता।

"मैं 9वीं, 10वीं, 11वीं क्लास में थर्ड डिवीजन से पास हुआ और 12वीं में फेल हो गया क्योंकि एसडीएम ने नकल के लिये कुख्यात हमारे स्कूल में नकल नहीं होने दी। इसके बाद मैं टेंपो में कंडक्टर का काम करने लग गया, लेकिन कुछ ऐसा हुआ कि पुलिस ने टेंपो पकड़ लिया। अब मैं बेरोजगार था। रोजगार पाने की लड़ाई ही मुझे यूपीएससी की गलियों तक ले आई। मैंने यूपीएससी के तीन अटेम्प्ट दिये लेकिन विफल रहा। इस दौरान मुझे एक लड़की से प्यार हो गया था। मेरा प्यार एकतरफा था। लड़की इसके लिये तैयार नहीं थी। इस दौरान हमारे ग्रुप के एक लड़के का सेलेक्शन हुआ और इस खुशी में पार्टी रखी गई, जिसमें मेरा भयंकर अपमान हुआ। तब मैंने उस लड़की से कहा था कि अगर तुम 'हाँ' कर दो, तो मैं दुनिया पलट दूँगा। अब तक वो 'ना' कहती आई थी। उस दिन उसने कहा, "चलो मैंने 'हाँ' कह दी, अब पलट दो दुनिया!" मैं कहना चाहूँगा कि हारा वही, जो लड़ा नहीं।" - आईपीएस मनोज कुमार शर्मा

बैठे बिठाये पकड़े जाना बुरा तो है;

सहमी सी चुप में जकड़े जाना बुरा तो है;

कपट के शोर में सही होते हुए दब जाना

बुरा तो है;

सबसे खतरनाक नहीं होता।

सबसे खतरनाक होता है

मुर्दा शांति से भर जाना,

तड़प का ना होना,

सब सहन कर जाना,

सबसे खतरनाक होता है

हमारे सपनों का मर जाना।

- कवि अवतार सिंह पास

एक राजा के पास बहुत ही बलशाली हाथी था। उसने राजा को अनेक युद्ध जितवाये, मगर वक्त के साथ हाथी बूढ़ा हो गया। अब उसे युद्ध में नहीं ले जाया जाता था। एक दिन हाथी तालाब पर पानी पीने गया और दलदल में फँस गया। सेवकों ने खूब कोशिश की, मगर हाथी को दलदल से नहीं निकाल सके। सभी जानते थे कि हाथी राजा को कितना प्रिय था। इस कार्य के लिये सेना को बुलाया गया। इससे भी कोई फायदा नहीं हुआ। तभी कमांडर ने ढोल-नगाड़े व बिगुल बजाने का आदेश दिया, जो युद्ध के दौरान बजाये जाते हैं। हाथी ने ये

आवाजें सुनी, उसे लगा युद्ध होने वाला है। वह आज भी राजा के साथ युद्ध में जाना चाहता था। उसमें अचानक से जोश भर गया और एक झटके में दलदल से बाहर आ गया।

जब मिसाइलमैन करने वाले थे सुसाइड

पूर्व राष्ट्रपति डॉ. अब्दुल कलाम को लाखों लोग अपनी प्रेरणा स्रोत मानते हैं, लेकिन जब उनका एयर फोर्स में सेलेक्शन नहीं हो पाया था, तो वे भी इतने निराश हो गये थे कि सुसाइड करने की जगह तलाश रहे थे। उस दौरान स्वामी शिवानंद की नजर परेशान व उदास 'कलाम' पर पड़ी। स्वामीजी ने देखा कि एक युवक दुर्गम स्थान पर भटक रहा है। स्वामी शिवानंद ने उससे इसका कारण पूछा। इसपर युवक ने अपने बारे में बताया कि मैंने बहुत मेहनत की, मगर मुझे नौकरी नहीं मिली। मेरे आर्थिक हालात इतने खराब हैं कि मेरे पास घर जाने के लिये भी किराया नहीं है। स्वामी जी ने बालक को समझाया और अपने साथ आश्रम ले आये। स्वामी शिवानंद ने युवा कलाम से कहा, "भाग्य को स्वीकार करो और अपने जीवन में आगे बढ़ो! वायुसेना का पायलट बनना तुम्हारी किस्मत में नहीं है, तुम जो बनने वाले हो, वह अभी जाहिर नहीं हो पाया है। तुम्हारा जन्म इससे भी बड़े काम के लिये हुआ है!" युवा कलाम कुछ दिन तक स्वामी शिवानंद के आश्रम में रहे। इसके बाद स्वामी शिवानंद ने उन्हें गीता और कुछ पैसे देकर विदा किया।

"हजारों साल नर्गिस अपनी बेनूरी पर रोती है, बड़ी मुश्किल से होता है चमन में दीदावर पैदा।" - इकबाल

हार के बाद ही जीत है

देश ने अपना पहला चन्द्रयान 2008 में लॉन्च किया। इसके बाद एक बड़े लक्ष्य के साथ चंद्रयान-2 पर कार्य शुरू किया गया। सफलतापूर्वक लॉन्चिंग के बाद चाँद की सतह पर लैंडिंग के दौरान लैंडर क्रैश हो गया। यह बहुत ही दुखद था मगर वैज्ञानिकों ने हार नहीं मानी। उन्होंने अपनी गलतियों को सुधारने का फैसला किया और चंद्रयान-3 की तैयारियाँ शुरू कर दी। इसके करीब 4 साल बाद, वैज्ञानिकों ने चंद्रयान-3 के लैंडर 'विक्रम' को चाँद के साउथ पोल पर सफलतापूर्वक उतार कर इतिहास रच दिया क्योंकि ऐसा पहली बार हुआ था।

अमीर, अमीर और गरीब, गरीब इसलिए हो रहे हैं!

"हमारा एजुकेशन सिस्टम हमें एक अच्छा नौकर बनाता है। मैं लोगों से पूछता कि आप क्या करते हैं, तो जवाब मिलता - "मैं डॉक्टर हूँ! मैं टीचर हूँ! मैं बैंकर हूँ!" मैं उनसे फिर पूछता कि क्या उनका हॉस्पिटल, स्कूल या बैंक है, तो जवाब 'न' में मिलता। जैसे - मैं वहाँ जॉब करता हूँ! यह पूछने पर कि 'मुझे जानना है कि आप अपने लिये क्या कार्य करते हैं, मुझे फाइनली जवाब मिलता, "कुछ भी नहीं!" लोग दूसरों के लिये काम करके उन्हें अमीर बनाने में अपनी पूरी जिंदगी गुजार देते हैं। अपनी जीविका के लिये नौकरी करते रहिये, लेकिन कुछ कार्य अपने लिये भी करें, जो आपको अमीर बनाये। मेरे पुअर डैड सुबह, समय से पहले ही ऑफिस के लिये निकल जाते थे। वे वर्षों से ऐसा करते आ रहे थे। शुरुआत में मुझे लगता कि वे अपने कार्य को बहुत पसंद करते हैं, लेकिन बाद में मेरी समझ में आया कि उन्हें नौकरी से निकाले जाने का डर था। लेकिन मेरे रिच डैड मानते थे कि अगर किसी को अमीर बनना है, तो उसे हर रोज कुछ नया सीखना होगा, जिससे उनकी सोचने व समझने की क्षमता बढ़ेगी।"
- रॉबर्ट टी कियोसाकी (रिच डैड एंड पुअर डैड)

देश में एक बड़ी आबादी के डिप्रेशन की वजह बेरोजगारी है। सभी सरकारी नौकरी के भरोसे नहीं रह सकते। प्राइवेट जॉब के साथ रोजगार उत्पन्न करने के लिये संसाधनों पर भी कार्य करना होगा। बिजनेस करने के साथ-साथ बिजनेस बनाना भी सीखना होगा। एक सर्वे में देश की 83% कंपनियों का कहना है कि ऑफर की गई जॉब के लायक उन्हें कर्मचारी ही नहीं मिलते। मार्क्स, रिकॉर्ड तोड़ रहे हैं लेकिन क्रिएटिविटी नहीं होती। देश में पढ़े-लिखे अनस्किल्ड बेरोजगार बढ़ रहे हैं।

"कर्म पर तुम्हारा अधिकार है, फल पर नहीं। इसलिए, कर्म को फल पाने की इच्छा के लिये मत करो। कर्मफल का आश्रय न लेकर जो कर्त्तव्य और कर्म करता है, वही सच्चा संन्यासी और योगी है। मृत्यु निश्चित है, इसका निवारण नहीं हो सकता। इसलिए, जो अपरिहार्य है, अटल है, उसके विषय में शोक नहीं करना चाहिये। हे अर्जुन! जो मेरे जन्म एवं कर्मों की दिव्य-प्रकृति को जानते हैं, वे शरीर त्यागकर फिर जन्म नहीं लेते, बल्कि मेरे पास आकर मुझे प्राप्त हो जाते हैं अर्थात् मुक्त हो जाते हैं।" - भगवान श्रीकृष्ण (भागवत् गीता)

महान दार्शनिक सुकरात से एक नौजवान ने पूछा, "मुझे सफलता का रहस्य जानना है!" सुकरात बोले, "अपना काम पूरी ईमानदारी से करो, सफलता मिल जायेगी!" मगर नौजवान अपनी बात पर अड़ा रहा। सुकरात थोड़ी देर चुप रहे। फिर बोले, "तुम कल मुझे नदी के किनारे मिलो। इसका उत्तर मैं तुम्हें वहाँ दूँगा"। अगले दिन सुकरात उस युवक को लेकर नदी

के गहरे पानी में उतर गये। अचानक सुकरात ने युवक को पानी में डुबो दिया और तब तक डुबोए रखा, जब तक उसका शरीर नीला नहीं पड़ गया। उसके बाद सुकरात ने पूछा, "जब तुम्हारा मुँह पानी के अंदर था, तब तुम्हें सबसे ज्यादा किस चीज की जरूरत थी?" "उस समय मैं सिर्फ श्वास लेना चाहता था" - युवक ने कहा। तब सुकरात बोले, "जब तुम्हें सफलता की उतनी ही तीव्र चाहत होगी, जितनी श्वास लेने की थी, तो सफलता मिल जायेगी।"

"वासना तभी सताती है, जब आपके पास कुछ करने को नहीं होता। वासना आपके महत्त्वपूर्ण कार्यों में बाधा नहीं डालती, ये आपको खाली देख बहलाने आ जाती है।" - अज्ञात

टार्गेट अपना बनाकर रखो

करोगे अगर अफसोस
खोओगे अपना होश।
बनना है तुमको बॉस
बाजुओं में रखो जोश।।

करेंगे ऐसे रिफाइन
दुनिया भी बोलेगी फाइन
नहीं लगानी पड़ेगी
हमको ये लाइन
टाइम लगेगा स्लाइट
अपनी फिंगर से उड़ेगी फ्लाइट

इस तरह ना दिखला रोष
रखते हैं हम विनर टॉस।

अंधेरा होगा दूर
जब जलायेंगे हम लाइट
दिल की बात बोल दी
अब रॉन्ग बोल या राइट
मिली है, वो फिक्स रहेंगी
अब नहीं घटेगी हाइट
टार्गेट अपना बनाकर रखो
मस्ती करो या मौज।

हर किसी को अपना मजाक उड़ने का डर रहता है। लोग सिर्फ इस वजह से कार्य शुरू ही नहीं करते कि विफल हो गये, तो मजाक उड़ेगा। इससे बचने का तरीका है कि किसी को बताए बिना ही कार्य शुरू कर दो। लेकिन इससे पहले कार्ययोजना पर अच्छा-खासा होमवर्क जरूर कर लेना चाहिये, ताकि विचलित हुए बिना आगे आने वाली हर तरह की समस्याओं का सामना किया जा सके।

"सफलता की लड़ाई अकेले ही लड़नी पड़ती है। सैलाब उमड़ता है, जीत जाने के बाद।" - अज्ञात

हमें कुछ करना है!

हमें कुछ करना है!
मंजिल पर घर बनाकर अपना
रोशन करना है,
हमें कुछ करना है!
चमकते हुए सितारों को
बाहो में भरना है,
हमें कुछ करना है!

उजड़ी सी है बगिया जरूर,
सुनो! बेरुखी बहारों,
ठोकर का कैसा हिसाब?
चलने का अंदाजा है, यारों!

टूटकर गिरोगे कदमों में,
सुन लो नभ के सितारों!
अंगूठा छपा जहाँ,
वहाँ दस्तखत करना है!

चलने से पहले हर कोई गिरता है,
गिरकर के चलने वाला विजेता होता है,
ठोकर लगे तो क्या? तजुर्बा नया होगा!
मकसद होंगे पूरे,
जो चाहा, वो हासिल होगा,
आसमान पर लगा सीढ़ियाँ,
चाँद को छूना है!

8. तनाव से बचने के लिये नशे में डूबते युवा

समाज के निर्माण में मुख्य भूमिका निभाने वाला युवा आज खुद नशे से बीमार है। नशीले पदार्थों की बढ़ती खपत में युवाओं की बड़ी भूमिका है। हर तीन में से एक युवा नशे का आदी है। मुंबई यूनिवर्सिटी द्वारा 2019 में जारी रिपोर्ट के अनुसार, 75% युवा 21 साल से पहले ही किसी न किसी नशे का शिकार हो जाते हैं। रिसर्च में 12 से 16 साल के बच्चे भी नशे में शामिल पाये गये। देश की 70 से 75 प्रतिशत आबादी अलग-अलग प्रकार का नशा करती है। एक अध्ययन में सामने आया कि 88% युवाओं को नशीले पदार्थ उनके दोस्तों से प्राप्त हुए। एक एनजीओ के अनुसार, ईलाज के लिये आने वाले 66.6% रोगियों को महज 15 साल से कम उम्र में ड्रग्स से जुड़ी, भ्रमित कर देने वाली जानकारियाँ उपलब्ध कराई गईं, जिससे वे नशा करने लग गये। भारत में अधिकारिक तौर पर 10 से 17 वर्ष के 15.8 मिलियन बच्चे नशेड़ी हैं, लेकिन वास्तविक संख्या इससे कहीं अधिक बताई जाती है। एक रिपोर्ट यह भी कहती है कि 13.1% नशेड़ी 20 से कम उम्र के हैं। महिलायें पुरुष की तुलना में कम नशा करती हैं, लेकिन वृद्धि, दर में पुरुषों से आगे हैं। ऐसे लोग एचआईवी, हेपेटाइटिस का आसान शिकार होते हैं। नशा करने वाले 13 लाख को एचआईवी, 55 लाख को हेपेटाइटिस व 10 लाख को दोनों बीमारियाँ हैं। एनसीआरबी के अनुसार, देश में हर दिन 21

लोग ड्रग्स की लत से परेशान होकर सुसाइड कर लेते हैं। ग्लोबल बर्डन ऑफ डिजीज स्टडी 2017 के अनुसार, दुनिया भर में लगभग 7.5 लाख लोगों की मौत अवैध ड्रग्स की वजह से हुई, जिसमें भारत का योगदान लगभग 22 हजार का था। नेशनल ड्रग डिपेंडेंस ट्रीटमेंट (एडीडीटी) एम्स की रिपोर्ट 2019 के अनुसार, 2004 से 2018 के बीच देश में अफीम का कारोबार पाँच गुणा बढ़ चुका है। संयुक्त राष्ट्र की रिपोर्ट के अनुसार, 2009 की तुलना में 2019 में भारत में ड्रग्स लेने वालों की संख्या 30% बढ़ गयी। 2022 में गृहमंत्री द्वारा बतायें आंकड़ों को देखें, तो पिछले कुछ सालों में 20 हजार करोड़ से ज्यादा की ड्रग्स पकड़ी गयी। अगर इसकी पिछले सालों से तुलना करें, तो ये उसका 25 गुणा है। इन सबको देखते हुए भारत सरकार द्वारा नशामुक्ति अभियान चलाया जा रहा है, जिसकी लाइन 'नशामुक्त भारत, सशक्त भारत!' है।

साहित्यकार जावेद अख्तर कहते हैं कि लोग जरा सी तकलीफ होने पर दवा खा लेते हैं। इस चक्कर में वे बॉडी के डिफेन्स सिस्टम को कम करते चले जाते हैं। उलझन होने पर उसे पहले खुद सुलझाने की कोशिश क्यों नहीं करते! इधर-उधर जाने की बजाय एक बार खुद भी, खुद को ठीक करने कि कोशिश करके देखें। आपको गुस्सा आ रहा है लेकिन क्यों आ रहा है, अपने-आप से पूछें। आपको क्या चीज डिस्टर्ब कर रही है, जरा खुद से सवाल करके तो देखें। दूसरों से झूठ बोलना बुरी बात है, लेकिन अपने आप से झूठ बोलना उससे भी बुरी बात है और यह बहुत खतरनाक भी है। अपने आप से सच बोलें। अपनी उलझन खुद को बतायें। हो सकता है कि समाधान मिल जाये। अगर उसके बाद भी नाकाम हो गये, तो डॉक्टर के पास चले जाना। मैं रोज एक बोतल शराब और 25 से 30 सिगरेट पीता था। जिस दिन सोचा कि आज के बाद ये सब बंद, उसके बाद कभी नहीं पी।

दिल पर जब हुई थी रेन,
सुसाइड करने गया था देन।

बना कभी रिस्की बॉय
कभी बना व्हिस्की बॉय
फिर लाइफ ने ऐसे खेला
हो वो जैसे टॉय,
बैकसाइड से सुपर हीरो,
कभी एक, तो कभी जीरो।
इतने नंबर मिले,
ये भी उससे नहीं झिले,
कर लेते थे सेटिंग,
मिल जाती थी हैंडराइटिंग।
ऑब्जर्वर को मिलती ग्रास,
चीटिंग करते होते पास ,
मगर इस बार भाग्य सोया,
काटा वही, जो था बोया।
गये थे होटल देन,
खाये थे अंडे, रोई थी हेन।

रोल नंबर हाइड था
रिजल्ट तो साइड था,
कॉपी पर लगाया जैक,
एग्जामिनर ने कर दिया बैक।
जिंदगी में हुआ था डेंट,
फिर भी उसने गाड़ा टेंट,
जिगर के पास ना बाइल था,
हार्ट भी लो प्रोफाइल था।

मेडिकल तो थी लाइन,
पर नहीं था कोई बोर्ड श्राइन,
यारों से नाता टूटा,
पीनी पड़ी फिर वाइन।
पास में ना कोई बाइंड था,
किया फिर सुसाइड था,
काटी नर्व,
कभी काटी वेन।

इच्छाशक्ति हो, तो छोड़ा जा सकता है कोई भी नशा

नशे का शुरुआती चरण आनंददायक लगता है, लेकिन बाद में इससे शरीर पहले से भी बुरी स्थिति में चला जाता है। एक बार नशे का आदी होने पर इसे छोड़ना मुश्किल होता है। कोई गलत संगत की वजह से, कोई तनाव और दर्द से बचने के लिए, तो कुछ लोग क्यूरियोसिटी की वजह से ड्रग्स के जाल में फँस गये क्योंकि वे इसका एक्सपीरियंस लेना चाहते थे। सामान्यतः युवाओं में ड्रग्स की शुरुआत शौक से होती है और बाद में ये आदत बन जाता है। नशा लोगों को अपनों से दूर कर देता है। लोग समाज से भी कट जाते हैं। इसकी वजह से अपराध में भी वृद्धि हो रही है। जिस मानसिक तनाव से बचने के लिये युवा नशा कर रहे हैं, वही नशा पर्सनल लाइफ को डिस्टर्ब कर, गिल्ट पैदा करता है, जिससे डिप्रेशन होता है। ड्रग्स के आदी हो चुके लोगों को जब अपनी गलती का अहसास हुआ, तो उन्होंने इसे छोड़ने की कोशिश भी की, लेकिन सफल नहीं हुए। इसके बाद उन्होंने मान किया कि अब इसे छोड़ा नहीं जा सकता, लेकिन जिन्होंने नशा छोड़ने की इच्छाशक्ति रखी, वे इसमें सफल भी हुए हैं और नॉर्मल जिंदगी भी जी रहे हैं। लंबे समय तक नशा करने से शरीर और दिमाग में बदलाव आ जाते हैं, जिसकी वजह से विथड्रॉवल सिंपटम्स (नशा छोड़ने के बाद होने वाले फिजिकल और मेंटल पेनफुल अनुभव) हो जाते हैं, जिससे बहुत तकलीफ होती है और उससे बचने के लिये लोग फिर से नशा कर लेते हैं। लोग चाहकर भी नशा नहीं छोड़ पाते, उसकी एक सबसे बड़ी वजह यह भी है। इसी वजह से नशे को ईलाज के द्वारा छोड़ने की सलाह दी जाती है। इसलिए, ईलाज लेने में शर्म या झिझक महसूस न करें। मरीज को रीहैबिलिटेशन सेंटर भेजने से पहले डॉक्टर्स को दिखायें क्योंकि नशा छुड़वाने में और उसके बाद के हालात सँभालने में जितनी सहायता परिवार कर सकता है, उतना रीहैबिलिटेशन सेंटर कभी नहीं कर सकता। रीहैबिलिटेशन सेंटर अगला कदम होता है। ऐसे भी

रीहैबिलिटेशन सेंटर हैं, जिनमें ईलाज के लिये जरूरी मूलभूत सुविधाएँ नहीं हैं इस तरह के रीहैबिलिटेशन सेंटर में जाने और कड़वे अनुभव लेने के बाद मरीज ईलाज से भी दूर भागते हैं। डायरी लिखना तनाव से बचने का एक अच्छा तरीका है। इसलिए, जब भी लगे कि किसी बड़ी मुश्किल में फँस गये हैं, तो समस्या को ईमानदारी के साथ लिखिये। इसके बाद आप देखेंगे कि आपने जो पॉइंट लिखे हैं, आपका दिमाग अपने आप उनके समाधान ढूँढने लग गया है। यह प्रैक्टिस दिमाग के काम को आसान बना देती है। इससे मुश्किल घड़ी से बेहतर तरीके से निपटा जा सकता है।

नशेड़ी से बने आयरन मैन

रॉबर्ट डाउनी जूनियर दुनिया के सबसे लोकप्रिय एक्टर्स में से एक हैं। रॉबर्ट को 6 वर्ष की उम्र में उनके पिता ने ड्रग्स दी और 8 वर्ष की उम्र में वे ड्रग्स के आदी हो गये। 16 साल की उम्र तक उनकी पढ़ाई भी छूट गई। एक दिन रॉबर्ट, ड्रग्स लेकर गाड़ी चला रहे थे, तो पुलिस ने उन्हें गिरफ्तार कर लिया। पेरोल के एक महीने के अंदर ही ड्रग्स लेने पर उन्हें फिर से पकड़ लिया गया। अबकी बार उन्हें 6 महीने की सजा हुई। लेकिन रॉबर्ट नहीं सुधरे। ड्रग्स लेने और कोर्ट का आदेश नहीं मानने पर रॉबर्ट को तीन साल की सजा सुनाकर जेल भेज दिया गया, लेकिन उन्हें एक साल बाद छोड़ दिया गया। इस दौरान उन्होंने नशा छोड़ना भी चाहा, लेकिन छोड़ नहीं पाए। रॉबर्ट की नशे की लत और बार-बार होती गिरफ्तारियों की वजह से उनकी पत्नी ने तलाक दे दिया। 2004 में उनके जीवन में बदलाव आया, जब उनकी जिंदगी में सुजैन आई। सुजैन ने रॉबर्ट से, उसे और ड्रग्स में से एक चुनने को कहा और रॉबर्ट ने सुजैन को चुना। उन्होंने अपनी सारी ड्रग्स समुद्र में बहा दी।

“इन परेशानियों से निकलना ज्यादा मुश्किल नहीं है, मुश्किल है निकलने का फैसला करना।” - रॉबर्ट डाउनी जूनियर

राकेश (बदला हुआ नाम) ने बेहद कम उम्र में पहली बार दोस्त के कहने पर सिगरेट पीकर नशे की शुरुआत की थी। उसके बाद वह हेरोइन तक पहुँच गया। परिजनों को लगा कि शादी करने से सुधार हो जायेगा, लेकिन ऐसा नहीं हुआ। ड्रग्स खरीदने के लिये उसने चोरी तक की। एक दुर्घटना के बाद उसने नशा छोड़ने का फैसला किया और इसके लिये हॉस्पिटल गया। आज राकेश नशे को पूरी तरह से छोड़ चुका है।

तनाव को दूर करने का नशा कभी सही तरीका नहीं हो सकता। यह तो खुद एक बीमारी है। डिप्रेशन से बचने के लिये संतुलित भोजन व अच्छी नींद लें। अपने पास कोई खतरनाक हथियार या ड्रग्स नहीं रखें। आत्महत्या को रोकने के लिये भारत सरकार ने राष्ट्रीय मानसिक

स्वास्थ्य पुनर्वास हेल्पलाइन 'किरण' शुरू की है, इससे मदद पाने के लिये हेल्प लाइन नंबर 18005990019 पर संपर्क किया जा सकता है। समस्या ठीक होने की बजाय बढ़ती ही जा रही है और मन में बार-बार सुसाइड के विचार आ रहे हैं, तो जल्द-से-जल्द साइकेट्रिस्ट डॉक्टर की मदद लें।

जीवन एक रण है!

माँ
छत पर डाल रही है चुगा,
पक्षियों का कलरव गूँजा।
मालूम नहीं कल मिले, ना मिले
फिर भी आराम से चुग रहें है चुगा,
वे खुश हैं क्योंकि जीते हैं वर्तमान में,
साथ निकलते हैं सभी,
बिना किसी शिकवे गिले।
सदियाँ बीत चुकी हैं,
यह क्रम निरंतर जारी है,
समझ नहीं पाया हूँ,
कौन इनका प्रभारी है।
मौत है स्वीकार
नहीं कबूल गुलामी,
ये परिंदों का गुण हैं,
लड़ने की कर रहा हूँ तैयारी,
जब से समझ आया है -
जीवन एक रण है!

तभी सूर्योदय होता है,
लालिमा बिखर जाती है,
यह जानते हुए भी, कि
डूब जाना है उसे,
सूर्य, मंजिल की ओर बढ़ रहा है;
कुछ ऐसा ही हमारा जीवन है;
उदय!
अस्त!
फिर होना है उदय!
सब खत्म होकर होता है
सर्वोदय!

कितना मनोहर लगता है
उजड़ जाने के बाद,
बसी दुनिया का दृश्य
अपने में समा लेना चाहता हूँ
मैं सहृदय!
तूफान में उठने वाला ज्वार-भाटा भी
दे जाता है अनमोल वस्तु,
जीवन में संतुलन के लिये
जरूरी है सुख-दुःख,
सभी ऋतु!
समुद्र भी पराजित होकर,
समेट लेता है लहरों को अपने अंदर,
ठोकर खाकर गिर जाते हैं,
खड़े होकर आगे बढ़ाते हैं कदमों को;

बनाते हैं, तोड़ते हैं,
तोड़कर फिर बना लेते हैं
हम मिट्टी के घरौंदों को!
आपदा आती है,
जीवन से टकराती है,
जिंदगी बीज बनकर बिखर जावी है;

फिर इक नन्हा पादप उग आता है;
दिखाई देती है
चेहरे पर खिली मुस्कान!
जिंदगी कभी नहीं रुकती,
हर हाल में होता है निर्माण!

मेडिकल माफिया :
चिकित्सा-व्यवसाय की त्रासदी

बीमारियाँ तेजी से बढ़ रही हैं और साथ में ईलाज का खर्च भी। ब्रांड के नाम पर महंगी दवाइयाँ बेचकर लोगों की कमर तोड़ी जा रही है। सरकारी संस्था 'सीसीआई' ने महंगे ईलाज की शिकायतों के चलते देश के कुछ नामी अस्पताल की जाँच की। ये जाँच पूरे 4 साल तक की गई, जो सीसीआई के डायरेक्टर की देखरेख में पूरी हुई और रिपोर्ट 2022 में पब्लिश हुई, जिसमें देश के 12 नामी कॉर्पोरेट अस्पताल दागदार निकले। रिपोर्ट के अनुसार, ये अस्पताल जाँच, दवाइयाँ व अन्य मेडिकल चीजों के दाम बाजार भाव से कई गुणा ज्यादा वसूल रहे थे। इन अस्पतालों में कमरे का किराया 3-स्टार व 4-स्टार होटलों से भी ज्यादा था। कुछ अस्पतालों में ईलाज के खर्च पर कोई रेग्युलेशन नहीं था। एनपीपीए की रिपोर्ट की बात करें, तो कई अस्पताल एमआरपी से ज्यादा कीमत पर दवाइयाँ व मेडिकल उपकरण बेचकर 1200 से 1700% तक मुनाफा कमा रहे हैं। एक अन्य एजेंसी आईआरडीएआई की रिपोर्ट के अनुसार, कोरोना महामारी के दौरान अस्पतालों ने इंश्योरेंस कम्पनियों से 2.5 गुना ज्यादा हेल्थ क्लेम वसूला। ये सब सरकारी एजेंसियों की जाँच-पड़ताल बोल रही है, फिर भी सरकार ऐसे अस्पतालों के सामने लाचार नजर आती है।

कोई बीमार हुआ और परिवार की सारी कमाई व बचत उसके ईलाज पर खर्च हो गई। साथ में वह कर्ज में भी डूब गया और बीपीएल में चला गया। देश में ऐसे परिवारों की संख्या करीब 5 करोड़ है। कुछ परिवार सिर्फ बीमारी के चलते बच्चों को अच्छी शिक्षा नहीं दिलवा पाये। यह दुर्भाग्य ही था। कोविड महामारी के दौरान जब देश बीमार था, लोग मर रहे थे, तब दवाइयों की कालाबाजारी करके कुछ हजार कीमत वाली दवाइयाँ लाखों में बेची गईं। डब्ल्यूएचओ की रिपोर्ट के अनुसार, देश में ईलाज का 67.78 प्रतिशत पैसा लोग अपनी जेब से देते हैं, जो बच गया सिर्फ उतना ही टीपीए कंपनियों से मिलता है। डॉक्टर्स की इच्छाशक्ति के बिना इस गलत व्यापार पर रोक लगना मुश्किल है। अब डॉक्टर्स को दवा कंपनियों से कट लेना छोड़कर इसके खिलाफ खड़ा होना होगा।

"निजी अस्पताल प्राइवेट कॉर्पोरेट कंपनियों की तरह चलाये जा रहे हैं। समाज सेवा करने की बजाय इनका मकसद सिर्फ मुनाफा कमाना रह गया है। अब जरूरी हो गया है कि सरकार इन

फर्जी मुनाफाखोर अस्पतालों की मनमानी रोकने के लिये सख्त कानून बनाए।" - एनवी रमना (तत्कालीन सीजेआई)

"हमारी कामवाली का बच्चा इसलिए मर गया क्योंकि उसके पास दवा खरीदने के लिये 400 रुपये नहीं थे। भारत प्रतिवर्ष 45 हजार करोड़ रुपये की दवाइयाँ विदेश में निर्यात करता है, जबकि हमारे देश में ये महंगी हैं और लोगों की पहुँच से दूर हैं। ऐसे में हमें किसी ईस्ट इंडिया कंपनी की जरूरत नहीं है। हम वापस उसी दिशा (आजादी से पहले वाले दौर) में जा रहे हैं।" - डॉ. समित शर्मा (पूर्व एमडी एनएचएम प्रोग्राम)

आरटीआई कार्यकर्ता विनय के मुताबिक, बाजार में 80% लोग जो खुद दवा खरीदते हैं, वे जेनरिक ही होती हैं। सरकार के जन औषधालय की पहुँच आम जनता से दूर है। ऐसे में यह सवाल उचित ही है कि जब देश की गली-गली में सरकारी शराब की दुकान हो सकती है, तो सरकारी दवा की क्यों नहीं?

एक कंपनी के द्वारा एथिकल (ब्रांडेड) व जेनरिक दोनों तरह की दवाइयाँ तैयार की जाती हैं। दोनों दवाइयाँ कंपोजीशन में, गुणवत्ता या क्वालिटी में, बनाने के तरीके में, परफॉर्मेन्स में, यहाँ तक कि लागत या खर्च में एक समान होती हैं। इनमें कोई फर्क नहीं होता। अंतर इतना सा है कि दवा कंपनियाँ ब्रांडेड दवा की मार्केटिंग पर मोटा पैसा खर्च करती हैं। कुछ डॉक्टर्स या अस्पताल संचालक फार्मा कंपनियों से दवा पर अपने हिसाब से रेट प्रिंट करवाते हैं, जो बाजार भाव से काफी ज्यादा होते हैं। फिर वही ब्रांड लिखते हैं। यह ब्रांड डॉक्टर से संबंधित मेडिकल स्टोर या फार्मेसी के अलावा कहीं नहीं मिलता, जिससे संबंधित डॉक्टर, अस्पताल व दवा कंपनी को मोटा मुनाफा होता है। जबकि आज भी देश में ऐसी आबादी है, जो इतना कम कमाती है कि उनके लिये तो जेनरिक दवाइयाँ भी महंगी हैं।

हर सस्ती दवा भी ठीक नहीं होती

सस्ती दवा जेनरिक ही हो, यह भी सही नहीं है। वह नकली भी हो सकती है। लोग सस्ती दवा के चक्कर में नकली दवाइयाँ खा रहे होते हैं। कुछ दवा कंपनी अपना घटिया प्रॉडक्ट किसी अच्छी कंपनी के नाम पर पैकिंग करके उसे मार्केट में मोटे दामों पर बेच देती हैं। फेक फ्री इंडिया की रिपोर्ट के अनुसार, नकली दवाइयाँ इतनी सफाई के साथ तैयार की जा रही हैं कि वे एकदम असली की तरह दिखाई देती हैं। इन्हें पहचान पाना बहुत ही मुश्किल है। इसलिए, हमेशा विश्वसनीय फार्मासिस्ट से ही दवा खरीदें। अंतर्राष्ट्रीय आर्थिक पत्रिका 'फोर्ब्स' के अनुसार, भारत में इस समय 5.5 अरब डॉलर के नकली सामान, खासकर दवाओं का

बाजार फल-फूल रहा है। देश की प्रमुख जाँच एजेंसी सीबीआई भी इस पर अपनी चिंता व्यक्त कर चुकी है। सीबीआई के तत्कालीन डायरेक्टर अनिल सिन्हा ने इंटरपोल के हवाले से बताया कि पिछले 40 वर्षों में आतंकवाद से मरने वालों की तुलना में नकली दवाओं के सेवन से अधिक लोगों की मौत हुई है। सिन्हा के अनुसार, यह समस्या भारत में अंतर्राष्ट्रीय संगठित अपराध का रूप ले रही है, जो अर्थव्यवस्था पर प्रतिकूल प्रभाव डाल सकती है।

एनसीआर के भिवाड़ी में नकली दवा कंपनी पकड़ी गई। यहाँ कुछ नकली दवा ब्रांड ऐसे थे, जो इस कार्रवाई के साल भर पहले सीकर जिले में कार्रवाई के दौरान सामने आये थे। मामले में ड्रग कंट्रोलर ने संबंधित दवा माफिया पर एक साल बाद भी एफआईआर नहीं करवाई क्योंकि जयपुर मुख्यालय से इसकी अनुमति नहीं मिली थी। इससे सरकारी विभाग की मिलीभगत का अंदाजा लगाया जा सकता है क्योंकि इसके मास्टरमाइंड के खिलाफ केस दर्ज करने का फैसला लेने में एक साल का वक्त लग गया। इन्वेस्टिगेशन करने वाली टीम का अनुमान है कि ये लोग करोड़ों की नकली दवा मार्केट में खपा चुके हैं। ये नकली दवा को नामी ब्रांड के नाम से तैयार करते थे, जिससे दवा को बेचने में दिक्कत ना हो। दवा में सॉल्ट के बजाय पाउडर भर देते थे।

"गुजरात, महाराष्ट्र, केरल, तमिलनाडु व सेंट्रल रेग्युलेटरी बोर्ड की रिपोर्ट के अनुसार, पिछले दशक में दवाओं के करीब 12,000 से ज्यादा सैंपल गुणवत्ता पर खरे नहीं उतरे। एक सैंपल के पीछे कितनी दवाईयाँ होंगी, ये सोचने वाली बात है। इन दवाओं को मार्केट में बेचा और खरीदा गया।" - डॉ.दिनेश ठाकुर

विश्व स्वास्थ्य संगठन (डब्ल्यूएचओ) ने कुछ दवा कंपनियों पर दवा निर्माण में घटिया माल उपयोग करने जैसे गंभीर आरोप लगाए और संबंधित दवा कंपनियों के खिलाफ मेडिकल प्रॉडक्ट अलर्ट जारी कर दिया। ये हंगामा विदेश में कफ सिरप पीने से हुई सैकड़ों बच्चों की मौत से शुरू हुआ। डब्ल्यूएचओ ने 20 कप सिरप्स को स्वास्थ्य के लिये हानिकारक माना, जिनमें सात सिरप्स भारतीय दवा कंपनियों द्वारा बनाई गई थी। कंपनियों का कहना था कि यह उन्हें बदनाम करने की साजिश है, जबकि दूसरा पक्ष कह रहा था कि कंपनियाँ अधूरा सच बता रही हैं। वे झूठ बोल रही हैं। अक्तूबर 2022 में इस विवाद से जुड़ी हरियाणा स्थित एक दवा कंपनी पर छापेमारी हुई, तो सरकार ने उसे बंद करने का आदेश दे दिया लेकिन बाद में कंपनी को क्लीन चिट दे दी गई, जिसको लेकर भी विवाद है। नवंबर 2022 में हरियाणा में एक नकली दवा कंपनी का पता चला, जिसमें 20 इंटरनेशनल दवा कंपनियों के नाम पर नकली दवाइयाँ बनाई जा रही थी। यह सब एक डॉक्टर के द्वारा करवाया जा रहा था, जिसने अपने मददगारों के साथ मिलकर नकली दवाइयाँ असली की जगह बेचकर 100 करोड़ से

ज्यादा कमा डाले। ये मरीजों को सस्ती दवा का लालच देते थे। मार्च 2023 में सीडीएससीओ की जाँच में डबल्यूएचओ विवाद से जुड़ी एक भारतीय दवा कंपनी के सैंपल में मिलावट पाई गई। मामला बढ़ा तो केंद्रीय स्वास्थ्य मंत्री ने कहा, "हम दवा की गुणवत्ता से कोई समझौता नहीं करेंगे। इसके लिये हमने 18 दवा कंपनियों को बंद करवा दिया है"। मई 2023 में हरियाणा के ड्रग्स कंट्रोलर पर 5 करोड़ की रिश्वत लेने के आरोप लगे। जब डबल्यूएचओ अपनी बात पर अड़ा रहा, तो भारत सरकार ने दवाओं की जाँच के आदेश दिये। एसीबी को मिली शिकायत के अनुसार, हरियाणा ड्रग्स कंट्रोलर ने सैंपल के साथ कंपनी के पक्ष में छेड़छाड़ की, जिससे कंपनी को क्लीन चिट मिल गई। जून 2023 में भारत सरकार ने 14 एफडीसी दवाओं के निर्माण व बिक्री पर प्रतिबंध लगा दिया, जिन्हें एक्स्पर्ट कमिटी द्वारा स्वास्थ्य के लिये खतरा बताया गया था। इन सबके बीच नकली दवाओं की बिक्री को रोकने के लिये डीसीजीआई ने एक आदेश जारी किया, जिसमें 1 अगस्त, 2023 से 30 चुनिंदा दवाओं पर क्यूआर कोड लगाना अनिवार्य कर दिया गया। 31 अगस्त, 2023 को डीसीजीआई ने एक बेहद पॉपुलर एंटासिड सिरप के इस्तेमाल को तुरंत प्रभाव से रोकने का आदेश जारी किया और मरीजों को दिक्कत होने पर रिपोर्ट करने को कहा गया। सरकार के जी-तोड़ प्रयासों के बावजूद दवाओं की गुणवत्ता पर एक बार फिर सवाल उठ गये, जब दवाओं का शरीर पर असर नहीं होने की शिकायतों के चलते 25 जुलाई, 2023 को ड्रग्स डिपार्मेंट व विजिलेंस टीम ने दिल्ली के कुछ बड़े सरकारी अस्पतालों की दवाओं के सैंपल लिए। 26 अक्टूबर, 2023 को आई रिपोर्ट में सभी सैंपल्स फेल हो गये, यानि दवाइयाँ घटिया थीं। राष्ट्रीय राजधानी के सरकारी अस्पतालों में बड़े पैमाने पर खराब क्वालिटी की दवायें मिलने के आरोपों के चलते दिसंबर, 2023 में दिल्ली के उपराज्यपाल ने इसकी जाँच सीबीआई से कराने की सिफारिश की। इनमें कुछ दवाइयाँ ऐसी भी थीं, जो जीवन रक्षक थीं।

एक कार्डियोलॉजिस्ट पर 600 मरीजों का ऑपरेशन करके उन्हें नकली या घटिया क्वालिटी के पेसमेकर लगाने के आरोप लगे। इसके लिये पेसमेकर की वास्तविक कीमत से दो से चार गुणा ज्यादा राशि वसूली गई। 85,000 कीमत वाले असली पेसमेकर के लिये 4 लाख तक वसूले गये। पहले मरीजों को जान का खतरा बताकर डराया गया और फिर असली की जगह नकली पेसमेकर लगा दिया गया। सबसे हैरानी की बात यह है कि ये सब एक सरकारी अस्पताल में हुआ। नकली पेसमेकर के सही काम नहीं करने से कई मरीजों की मौत हो गई। 2022 में डॉक्टर के खिलाफ एफआईआर दर्ज कर जाँच बैठायी गई। लंबी जाँच में डॉक्टर पर लगे आरोप सही पाए गये। नवंबर, 2023 में पुलिस ने डॉक्टर को गिरफ्तार कर लिया। जाँच टीम के अनुसार, अब तक 200 से 250 नकली पेसमेकर का पता लग चुका है। यह

जानकारी लोगों तक पहुँचाने का मकसद उन्हें डराना या उनमें अविश्वास पैदा करना नहीं है। लोगों को इन सबके प्रति जागरूक होना होगा।

हमाम में सब नंगे

"बर्खास्त पुलिस अधिकारी राजजीत सिंह हुंदल जाहिर तौर पर खरगोश के साथ दौड़ रहे थे और शिकारी कुत्तों के साथ शिकार कर रहे थे। नशीली दवाओं का खतरा पहले से ही अदालत का कीमती समय बर्बाद कर रहा है। वर्षों तक राज्य (सरकार) ने हुंदल के खिलाफ कार्रवाई नहीं की। रिपोर्ट खोलने व राज्य को सौंपे जाने के बाद कार्रवाई की गई।" - पंजाब-हरियाणा हाइकोर्ट

देश के नियंत्रक महालेखा परीक्षक (कैग) ने देश में गरीबों को सस्ते ईलाज के लिये शुरू की गई 'आयुष्मान भारत योजना' में बड़े पैमाने पर गड़बड़ी का खुलासा किया। बीआईएस के डेटाबेस एनालिसिस से पता चला कि एक ही मरीज को एक ही समय पर एक से ज्यादा अस्पताल में ऐडमिट कर ईलाज किया गया। अस्पतालों ने इतने मरीज ऐडमिट दिखाये, जितने उनके पास बेड भी नहीं थे। ऐसे लोगों का भी ईलाज किया गया, जो जीवित ही नहीं थे। अस्पतालों ने इस तरह सरकारी खजाने को करोड़ों का चूना लगाया। इस योजना के लाखों लाभार्थी एक ही मोबाइल नंबर पर रजिस्टर हुए। राष्ट्रीय स्वास्थ्य प्राधिकरण (एनएचए) ने भी जुलाई, 2020 में इस योजना में भ्रष्टाचार की बात कही थी। कैग रिपोर्ट से 'एनएचए' भी सवालों के घेरे में आ गया क्योंकि डिफॉल्ट, अस्पतालों पर लगाए जुर्माने का 30% भी नहीं वसूला गया।

यूएनईपी और आईएलआरआई की एक संयुक्त रिपोर्ट के अनुसार, पिछले 20 सालों में महामारियों (पैंडेमिक) पर लगभग 100 बिलियन डॉलर खर्च किये जा चुके हैं और आने वाले वक्त में ये बढ़कर करीब पाँच ट्रिलियन डॉलर हो जायेंगे। रिपोर्ट कहती है कि भविष्य में होने वाली महामारी जूनॉटिक हो सकती है। जूनॉटिक या जूनोसिस वे बीमारियाँ हैं, जो पशुओं से मानव में आई। पारिस्थितिकी-तंत्र (इकोसिस्टम) से छेड़छाड़ के कारण बीमारियों की स्थिर धारा जानवरों से मनुष्य में आ सकती है।

डॉक्टर्स की खराब हैंडराइटिंग भी लेती है जान

डब्ल्यूएचओ, मेडिकल एरर को दुनिया के शीर्ष हत्यारों में शामिल करता है। आईसीएमआर के अनुसार डॉक्टर्स के द्वारा लिखे गयें 45% इलाज के पर्चे (प्रिस्क्रिप्शन) आधे-अधूरे, जबकि 9.8% पूरी तरह गलत हैं। फार्मासिस्ट भी मानते हैं कि कई बार वे भी डॉक्टर की

राइटिंग को नहीं समझ पाते और अगर दवा का ब्रांड लिखा हुआ हो, तो उसे समझ पाना और भी मुश्किल हो जाता है। वे डॉक्टर के द्वारा लिखे गये पहले अक्षरों के आधार पर दवा देते हैं, जिससे गलत दवा दिये जाने का खतरा रहता है। खराब हैंडराइटिंग के लिये डॉक्टर्स पर पड़ा वर्कलोड जिम्मेदार होता है, तो कई बार वे जानबूझकर ऐसा करते हैं, ताकि प्रिस्क्रिप्शन को उनसे संबंधित फार्मासिस्ट के अलावा कोई और ना समझ सके। अपने डॉक्टर को प्रिस्क्रिप्शन (ईलाज का पर्चा) साफ शब्दों में लिखने को कहें, ताकि गलत दवा लेने से बचा जा सके। यह आपका अधिकार है क्योंकि अब दवा का नाम बड़े अक्षर (कैपिटल लैटर)में लिखना अनिवार्य कर दिया गया है।

प्रिस्क्रिप्शन को जाँचते हो जाती मिस्टेक,
समझाते हम डॉक्टर्स को, लिखो सर सुलेख!

जब डॉक्टर हड़ताल पर लगे जाने,
किये वादों को लगे भुलाने;

रोते मरीज को हंसाने वाले,
थमा ईलाज का बिल, लगे रुलाने।

यूं ही नहीं मिला भगवान का दर्जा
अपना सबकुछ खफा गये
पेशे को इस मुकाम तक लाने वाले;

आलोचना तो होगी हमारी,
लेकिन गलत काम नहीं कर सकते,
फरिश्ते कहलाने वाले।

चिकित्सा-व्यवसाय के डार्क साइड को सुधारने के लिये तेजी से काम किया जा रहा है, जिसका असर देखा जा सकता है सरकार, देश के हर एक नागरिक को सस्ता ईलाज देने के लिये विभिन्न प्रकार की योजनाओं पर कार्य कर रही है। लोगों को भी सोचना होगा कि हर बार मरीज की मौत किसी की लापरवाही के कारण नहीं होती। कोई भी जानबूझकर ऐसा नहीं करना चाहेगा। डब्ल्यूएचओ की गाईडलाइन की बात करें, तो डॉक्टर, नर्स और मरीज के रेशियो में हम बहुत पीछे हैं और पिछड़े इलाकों में यह अनुपात ओर पिछड़ता चला जाता है। किसी की मौत पर अस्पताल में अनावश्यक रूप से हंगामा, झगड़ा, तोड़फोड न करें। इससे जेल भी जाना पड़ सकता है। ऐसा करने से अस्पताल का काम अवरुद्ध होता है, जिससे दूसरे लोगों को ईलाज नहीं मिल पाता।

यक्ष-प्रश्न

गरीब माँ की कोख से
जन्म लेना गुनाह है?
बच्चे का बीमार होना गुनाह है?
दवा माफिया के लिये
क्या वह नवजात जिम्मेदार था?
वह सिर्फ इसलिए मर गया,
उसे जीवन रक्षक दवाइयाँ नहीं मिलीं,
क्या वह शापित था?
अगर नहीं,
तो कहाँ है न्याय की देवी?
जो उस मृत बच्चे को
इंसाफ दिलवाएगी?

मेरा ही साया मुझसे पूछता है -
तुमने हर तरह के हालात देखे हैं,
उनका सहा भी है,
इससे भी बुरा वक्त आया,
फिर चला भी गया,
तुम इतने विचलित कभी नहीं हुए;
यह जख्म तो किसी रोज भर जायेगा,
जो तुम्हारे दिल में है;
क्या वह धरातल पर उतर पाएगा?
तुम कितनी कोशिश करोगे,
जो ख्वाब हकीकत हो जायेगा?
इस राह में मुश्किलें बहुत हैं,
तुमने कैसे मान लिया

यह इतना आसान हो जायेगा?
पथ में काँटे बिछाए जायेंगे,
पग लहूलुहान हो जायेंगे,
अंजाम उसने बुरा पाया है ,
जिसने धारा के विरुद्ध बहना चाहा है।

तुम्हें इतना जोखिम नहीं उठाना चाहिये,
दिल अपनी जगह है,
तुम्हें आगे बढ़ जाना चाहिये।
जिसका भला होना है,
उसका तो हो जायेगा;
जीवन एक रण है,
जो संघर्ष करेगा
वही जीवित रह पाएगा।
जिसके पास आत्मबल होगा,
भला उसको कौन मिटाएगा!
कमजोरों के लिये,
यहाँ कोई जगह नहीं है।
तुम कितना बचाव करोगे?
तूफान आयेगा,
घर ढह जायेगा।

माना जीवन में हर वक्त
वह नहीं हो सकता,
जो मैं चाहता हूँ,
मुझे रोकर हँसना होता था;

इस बार कुछ करके हँसूँगा,
इससे कोई समझौता नहीं होगा!
हालातों को बदलना होगा;

मैं तो अब चल पड़ा हूँ,
तुम्हें भी घर से निकलना होगा!

स्वास्थ्य

माँ को दिया गया संतुलित आहार (बैलन्स डाइट) माँ के साथ-साथ बच्चे का भी विकास करता है। माँ व बच्चे के स्वास्थ्य के लिये टीकाकरण (इम्यूनाइजेशन) सबसे आसान, जरूरी व सस्ती सुविधा है। अच्छे परिणाम के लिये नियमित टीकाकरण बेहद जरूरी है। टीकाकरण का कोई नुकसान नहीं है। यह पूरी तरह से सुरक्षित है। छह महीने तक बच्चे को सिर्फ माँ का दूध पिलायें। माँ के पोषण में कोई कमी नहीं रहनी चाहिये। तभी बच्चे के लिये आवश्यक दूध बन पाएगा। स्वस्थ बच्चे के लिये माँ का स्वस्थ होना बेहद जरूरी है। माँ शारीरिक या मानसिक रूप से ठीक नहीं है, बीमार है, परेशान है, तो इसका असर पेट में पल रहे बच्चे पर भी होगा। छह महीने पूरे होने के बाद बच्चे को पूरक आहार (कॉम्प्लिमेंटरी) फूड देना आवश्यक है। बच्चे को दलिया, खीर, खिचड़ी, मसली हुई दालें खिलाई जा सकती हैं। बच्चे के संपूर्ण विकास के लिये कम-से-कम 2 साल तक निरंतर स्तनपान या ब्रेस्ट-फीडिंग करवायें। बच्चे को फास्ट, जंक फूड, डिब्बाबंद जूस न दें। इनसे स्वास्थ्य-संबंधी चुनौतियाँ बढ़ती हैं। किशोर को शारीरिक बल का सही उपयोग करना न सिखाया जाये, तो वो एन्टी-सोशल हो सकता है। बच्चों में असामाजिक व्यवहार के शुरुआती संकेत, जैसे - झूठ बोलना, सही गलत का फैसला न कर पाना है, जो आगे चलकर किशोरावस्था में चोरी, हिंसा, यौन-संलिप्तता आदि में बदल जाते हैं।

1958 में हाई स्कूल के प्रिंसिपल्स से छात्रों की समस्यायें जानी गईं, जो थीं - 1. होमवर्क नहीं करना; 2. संपत्ति का महत्त्व नहीं समझना (जैसे - किताबें फेंक देना); 3. बत्तियाँ जली व खिड़की-दरवाजे खुले छोड़ देना; 4. क्लास में मुँह से थूक के बुलबुले निकालना; 5. कमरों में भागदौड़ करना। इस सवाल को जब अगली पीढ़ी से पूछा गया, तो उनके जवाब बिल्कुल अलग थे - 1. गर्भपात; 2. एड्स; 3. बलात्कार; 4. नशीली दवायें; 5. हिंसा, हत्या व इन चीजों के प्रति डर। [क्रेडिट: शिव खेड़ा (यू कैन विन)]

"दुनिया भर में हर तीसरी महिला ने शारीरिक या मानसिक यौन हिंसा का सामना किया है।" - डब्ल्यूएचओ

"किसी व्यक्ति को नैतिक शिक्षा दिये बिना व्यवहारिक शिक्षा देना, समाज के लिये संकट को न्योता देने जैसा है।" - थियोडोर रूजवेल्ट

"जिस तट पर प्यास बुझाने से अपमान प्यास का होता हो,

उस तट पर प्यास बुझाने से प्यासा मर जाना बेहतर है।" - कवि जगपाल सिंह सरोज

"एक आम छात्र को कोई नैतिक शिक्षा नहीं दी जाती है। ये माँ-बाप के जिम्मे छोड़ दिया जाता है। नई पीढ़ी को नैतिकता के सिद्धांतों की शिक्षा पहले से कम मिल रही है, जबकि उसे इसकी बहुत ज्यादा जरूरत है।" - माइकल सोरवन

बच्चों के व्यवहार पर परिवार का गहरा असर होता है। परिवार में ऐसा कोई कार्य नहीं होना चाहिये, जो बच्चों को अव्यवहारिक होने के लिये प्रेरित करे। बच्चों को दी जाने वाली गलत यौन-शिक्षा, यौन-हिंसा को बढ़ावा देती है। बच्चे इसे गलत माध्यम से प्राप्त करते हैं। अपने बच्चों को स्वस्थ यौन-शिक्षा (हेल्थी सेक्स एजुकेशन) दीजिए। यह शर्म का नहीं, शिक्षा का विषय होना चाहिये।

इलेक्ट्रॉनिक डिवाइसेज, जैसे - कंप्यूटर, मोबाइल फोन आदि आँखों को कमजोर कर देते हैं। इनके ज्यादा उपयोग से आँखों में जलन, ड्राइनेस, थकान, सिर दर्द, नजरें कमजोर होना जैसी समस्यायें हो जाती हैं। किताबों से पढ़ने वाले बच्चे की आँखें कंप्यूटर या स्क्रीन पर पढ़ने वाले बच्चे से ज्यादा स्वस्थ होती हैं। एक अध्ययन के अनुसार, 6 साल से कम उम्र के बच्चों द्वारा मोबाइल फोन के उपयोग से उन्हें आगे चलकर भयंकर मानसिक समस्याओं से जूझना पड़ता है, उनकी यादाश्त तक कमजोर हो जाती है। 4-8 साल के बच्चों का स्क्रीन-टाइम एक हफ्ते में 3 घंटे से ज्यादा व 15 साल तक के बच्चों का स्क्रीन टाइम एक हफ्ते में 6 घंटे से ज्यादा नहीं होना चाहिये। आँखों को स्वस्थ रखने के लिये स्क्रीन से दो फिट की दूरी बनाए रखें। स्क्रीन और बैकग्राउंड की ब्राइटनेस में बहुत ज्यादा अंतर नहीं होना चाहिये। ब्लू लाइट से बचने के लिये सेफ मोड या ब्लू लाइट फिल्टर का इस्तेमाल करें। बच्चों को इलेक्ट्रॉनिक डिवाइसेज के बजाय शारीरिक गतिविधियों वाले खेल का सामान गिफ्ट करें।

आज सुंदरता के चक्कर में आर्टिफीशियल ब्यूटी को पाने के तरीकों को तेजी से अपनाया जा रहा है। बॉडी बिल्डिंग से लेकर मेकअप तक के घटिया क्वालिटी की प्रॉडक्ट बिना किसी रोकटोक के मार्केट में बिक रहे हैं। हमेशा धीरे-धीरे वेट-लॉस करना चाहिये। वेट-लॉस करने वाले प्रॉडक्ट भी स्किन, किडनी, लिवर व दिल से जुड़ी बीमारियाँ कर सकते हैं। वीकेंड पार्टी से दूर रहकर, शराब, कार्बोहाइड्रेट, चीनी से परहेज करके, एक्सरसाइज व योगा जैसे हेल्थी तरीकों से भी वेट-लॉस किया जा सकता है। चेहरे पर होने वाले एक्ने, हार्मोन्स इम्बैलेंस, प्रदूषित वातावरण, स्मोक, धूप, धूल, गलत खानपान, गलत मेकअप या जेनेटिक कारणों से होते हैं। इसलिए, लाइफस्टाइल मोडिफिकेशन करें। ओपन पोर्स के नुकसान नहीं

है, लेकिन इनकी साफ-सफाई न हो, तो एक्ने हो सकते हैं। डार्क सर्कल का मुख्य कारण जेनेटिक, शरीर में पानी, विटामिन, खून की कमी, फोन या लैपटॉप का ज्यादा इस्तेमाल, शराब का सेवन, अधूरी नींद आदि होते हैं। सिगरेट में मौजूद निकोटीन, कॉफी में मौजूद कैफीन, धूप, लिपस्टिक या टूथपेस्ट से एलर्जी, शरीर में पानी, विटामिन, हीमोग्लोबिन की कमी, कीमोथेरेपी दवाओं के साइड इफेक्ट से लिप्स डार्क हो जाते हैं। इसलिए, बॉडी को बनाइए, मगर शरीर को बिगाड़कर नहीं।

दुर्घटनाग्रस्त की सहायता करें, इंसानियत को मरने न दें

लोग सड़क पर तड़पते हुए मर जाते हैं, मगर उनकी सहायता के लिये कोई नहीं रुकता। यह तस्वीर डराती है। लोग सोचते हैं कि घायल की मदद करने पर पुलिस उन्हें परेशान करेगी। ऐक्सिडेंट के शुरुआती 30 मिनट से लेकर 1 घंटे के समय को गोल्डन पीरियड कहा जाता है। इस दौरान घायल को मेडिकल सुविधा मिल जाये, तो जान बचने की संभावना 90% तक रहती है। 50% घायल इसीलिए मर जाते हैं क्योंकि उन्हें वक्त पर ईलाज नहीं मिल पाता। घायल की सहायता करने पर पुलिस द्वारा परेशान करने के मामले में 'सेव लाइफ फाउंडेशन' की याचिका पर सुप्रीम कोर्ट ने महत्त्वपूर्ण निर्णय दिया था। बाद में सरकार ने कानून बनाकर इसे लागू भी किया, जिसे 'गुड सेमेरिटन लॉ' कहा जाता है। इस कानून के अनुसार, घायल की सहायता करने वाले से पुलिस जबरदस्ती पूछताछ नहीं कर सकती। वह पुलिस को अपनी पहचान, नाम, पता, देने से मना भी कर सकता है। कानून में स्पष्ट है कि घायल की मृत्यु होने पर भी उसकी सहायता करने वाले को परेशान नहीं किया जायेगा। अगर कोई अपनी इच्छा से गवाह बनना चाहता है, तो भी यह कानून लागू होगा। उसे बार-बार गवाही के लिये नहीं बुलाया जायेगा। अस्पताल, घायल का ईलाज करने से मना करता है या सहायक से ईलाज का खर्च माँगता है, तो ये प्रोफेशनल मिसकंडक्ट में आता है। ऐसे अस्पताल पर कार्रवाई होगी। सबसे बड़ी परेशानी यह है कि पुलिस तक को 'गुड सेमेरिटन लॉ' की सही जानकारी नहीं होती। सरकार इस कानून की जानकारी आम लोगों तक पहुँचाने के लिये सेमेरिटिन को प्रोत्साहन राशि देकर सम्मानित भी करती है। घायल की सुरक्षा सुनिश्चित करके एंबुलेंस या पुलिस को सहायता के लिये कॉल करें। बगैर किसी डर के घायल को अस्पताल पहुँचायें।

आपातकालीन नंबर

100 - पुलिस

101 - फायर ब्रिगेड

102, 104, 108 - एंबुलेंस

1033 - हाइवे आपात हेल्पलाइन

1091 - महिला हेल्पलाइन

पुलित्जर पुरस्कार विजेता की सुसाइड की कहानी

कहा जाता है कि अगर फोटोग्राफर महान हो, तो तस्वीरें बोलने लगती हैं। ये लाइनें केविन कॉर्टर पर एकदम सही बैठती थीं। केविन ने सूडान में पड़े अकाल के वक्त भूख से तड़पते एक बच्चे की फोटो खींची थी। फोटो में भूख से बेहाल एक बच्चा अपने चेहरे को अपने हाथों पर रखकर बैठा था। बच्चे के पास एक गिद्ध भी बैठा था, जो बच्चे के मरने का इंतजार कर रहा था, ताकि उसे खा सके। यह तस्वीर अमेरिका के प्रसिद्ध न्यूजपेपर 'न्यूयॉर्क टाइम्स' में छपी और वायरल हो गई। इसने दुनिया को हिलाकर रख दिया था। इससे लोग इतने विचलित हुए कि हजारों की संख्या में लोगों ने अखबार को पत्र लिखे व फोन करके बच्चे की हालत पूछी। प्रकाशक इसका संतोषजनक जवाब नहीं दे सके क्योंकि बच्चे को उसी स्थिति में छोड़ दिया गया था। इसके लिये लोगों ने केविन कार्टर को खूब बुरा-भला कहा। एक इंटरव्यू के दौरान जब केविन ने कहा कि वहाँ एक गिद्ध था, तो सामने से किसी ने कहा, "नहीं! वहाँ एक नहीं, दो गिद्ध थे! दूसरे के हाथ में कैमरा था!" अब तक केविन को एहसास हो गया था कि उनसे कितनी बड़ी भूल हुई है केविन को यह अपराधबोध सताता रहा कि उन्होंने बच्चे को बचाने की कोशिश नहीं की। इस अफसोस की वजह से वे डिप्रेशन में चले गये और 33 साल की उम्र में केविन ने सुसाइड कर लिया। बेशक केविन ने विश्वविख्यात पुलित्जर पुरस्कार जीता हो, लेकिन इंसानियत के मोर्चे पर वे हार गये थे।

रक्तदान एक, फायदे अनेक!

देश में खून की जरूरत और उपलब्धता के बीच एक बड़ा गैप है। खून को मशीन से नहीं बनाया जा सकता, इसके बावजूद लोग रक्तदान से बचते हैं। उनको लगता है कि इससे शरीर में कमजोरी आती है। रक्तदान के बाद सिर्फ 48 घंटे में शरीर आवश्यक नया रक्त बना लेता है। रक्तदान, न सिर्फ रक्त लेने वाले, बल्कि रक्त देने वाले का भी जीवन बचाता है। रक्तदान से

शरीर में नई कोशिकाएँ बनती हैं, जो पहले वाली से ज्यादा स्वस्थ होती हैं। रक्तदान से आयरन रेग्युलेशन होता है। रक्तदान से दिल की बीमारी, ब्लड प्रेशर, कैंसर का खतरा कम होता है। यह वजन कंट्रोल करने में सहायक है। रक्तदान से आत्म-संतुष्टि होती है, जिससे खुशी मिलती है। रक्तदान के लिये शरीर का आवश्यक चेकअप फ्री होता है। वोलेंट्री रक्तदान से एक कार्ड मिलता है, जिससे जरूरत पड़ने पर एक साल तक रक्त लिया जा सकता है। कई संस्थान इस कार्ड से आधे दिन की छुट्टी भी देते हैं। बस इतना ध्यान रखें कि रक्तदान, सरकार द्वारा मान्यता प्राप्त संस्था को ही करें। महिलाओं को पीरियड्स के दौरान रक्तदान से बचना चाहिये। मल्टिपल सेक्स पार्टनर रखने वाले, हाई रिस्क बिहेवियर वाले लोगों को रक्तदान नहीं करना चाहिये। रक्तदान से एक दिन पहले व एक दिन बाद तक शराब, ड्रग्स या इस तरह के दूसरे नशे नहीं करें। खाली पेट रक्तदान न करें। रक्तदान वाले दिन ज्यादा मेहनत न करें, अगले दिन से डेली रूटीन अपना सकते हैं।

डॉक्टर से न छुपायें बीमारी से जुड़ी बातें

एक अध्ययन के अनुसार, 50% मरीज डॉक्टर को बीमारी से जुड़ी सही जानकारी नहीं देते, जिसका असर डायग्नोसिस पर होता है। डॉक्टर को सच नहीं बताने का सबसे प्रमुख कारण शर्म या झिझक है। यौन समस्या पर लोग इतना संकोच करते हैं कि डॉक्टर को भी नहीं बता पाते या आधी-अधूरी बात बताते हैं। कुछ लोग इसे फालतू काम समझते हैं, जबकि कुछ लोग इसीलिए झूठ बोलते हैं क्योंकि इससे उनकी गलत आदतें उजागर होने का डर रहता है, जो उन्होंने अपने परिजनों से छुपाई होती है। अपनी समस्या बताते हुए डॉक्टर से बिल्कुल नहीं शर्माएँ और न ही घबरायें क्योंकि डॉक्टर आपकी बीमारी या समस्या को गोपनीय रखता है। डब्ल्यूएचओ के अनुसार, हर साल लाखों मरीज इसलिए जान गँवा देते हैं क्योंकि उनकी सही बीमारी पकड़ में नहीं आती। इसलिए, सही इलाज के लिये अपनी समस्या को पूरी ईमानदारी के साथ डॉक्टर को बतायें। कुछ लोग बीमार होने पर खुद ही इलाज शुरू कर देते हैं। इससे शरीर को बड़ा नुकसान होता है क्योंकि इंटरनेट की जानकारी गलत या अधूरी भी हो सकती है। जब इस तरह के ईलाज से फायदा नहीं होता, तो लोग डॉक्टर के पास जाते हैं। अब बीमारी को ठीक होने में पहले से ज्यादा वक्त लगेगा। डॉक्टर के पास जाने पर वे पहले से ले रहे ईलाज को छुपा जाते हैं। कई बार डॉक्टर द्वारा भी उसी क्लास की दवाइयाँ दे दी जाती हैं, जिन्हें मरीज पहले से ही खा रहा होता है। इससे दवा का ओवरडोज हो जाता है। किसी भी दवा का ओवरडोज वाइटल ऑर्गन्स, जैसे - किडनी, लिवर, हार्ट पर बुरा असर डालता है, यहाँ तक कि उन्हें फेल भी कर सकता है। (क्रेडिट: अमर उजाला)

कैंसर

बात उस समय की है, जब मैं मेडिकल की पढ़ाई कर रहा था। उन दिनों मेडिकल विभाग में एक मिशन की तैयारियाँ की जा रही थीं। यह 'मिशन चाँद या मंगल' नहीं, बल्कि अपने शरीर पर जाने वाला मिशन था। मिशन पर जाने के लिये इच्छुक छात्रों से आवेदन माँगे गये। हम लकी रहे क्योंकि इसके लिये हमारी टीम को चुना गया था। यह हमारे लिये सरप्राइज ट्रिप की तरह था। हम जोरशोर से इसकी तैयारी में जुट गये। तय दिन पर विमान हमें लेकर शरीर की ओर उड़ चला। एक लंबी यात्रा के बाद हम शरीर पर पहुँच गये। लोग अंतरिक्ष में गये, चाँद पर गये, अन्य ग्रहों पर भी गये, लेकिन यहाँ कोई नहीं आया था। हमारा नाम इतिहास के पन्नों में दर्ज हो गया, जब हमने शरीर की धरती पर कदम रखा।

यहाँ पहुँचकर हमने कुछ दिन भ्रमण में व्यतीत किये और शरीर के वातावरण का आनंद लिया। यहाँ एकदम शांति थी, सैर सपाटा करने के बाद हमने अपना रिसर्च वर्क शुरू किया। पृथ्वी और शरीर की वनस्पति में काफी भिन्नता थी। पृथ्वी की वनस्पति में क्लोरोफिल पाए जाने से उसका रंग हरा था, परंतु शरीर में इसकी जगह हीमोग्लोबिन ने ले रखी थी जिससे शरीर की वनस्पति का रंग लाल था। एक दिन हम कुछ कर रहे थे, कि तभी एक साथी बोल पड़ा - देखो, डब्ल्यूबीसी! कुछ लोग दूसरे मार्ग से गुजर रहे थे, जो व्हाइट ब्लड सेल थे। हम उनसे बात करना चाहते थे, लेकिन वे अपने कार्य में इतने व्यस्त थे कि हम उनके पास जाते, उससे पहले वे हमारी आँखों से ओझल हो गये। हम रिसर्च करते हुए एक भौगोलिक-क्षेत्र से दूसरे भौगोलिक-क्षेत्र में जा पहुँचे, जो पहले वाले से बिल्कुल अलग था। यहाँ के लोग पहलवान की तरह हृष्ट-पुष्ट व हट्टे-कट्टे थे। हमने एक पहलवान से उस जगह का नाम पूछा, तो उसने हमें घूरते हुए देखा - 'यहाँ नए आये हो?' 'आपका मतलब?' - मैंने पूछा। "इस ग्रह का बच्चा-बच्चा हमारे और हमारे देश 'हाइपरप्लेसिया' के बारे में जानता है।" यहाँ के लोग पेटू थे, अपनी क्षमता से अधिक खाते-पीते थे। हमने कुछ दिन यहाँ रिसर्च की। इसके बाद हमने अपनी यात्रा फिर से शुरू की। हम चलते जा रहे थे, कि तभी हमारा रास्ता रोक दिया गया। मैंने देखा सामने कोई हाई-प्रोफाइल जोन था। यहाँ ब्लड ब्रेन बैरियर का कड़ा पहरा था। सुरक्षा इतनी कड़ी थी कि परिंदा तो क्या, कोई माइक्रोऑर्गेनिज्म भी इधर-से-उधर नहीं हो सकता था। हम उस पार जाना चाहते थे। इसके लिये सुरक्षाकर्मियों ने हमसे दस्तावेज माँगे, परंतु वे हमें एंट्री नहीं दिलवा सके। हमने उनको बताया कि हम जिस कार्य के लिये यहाँ आये हैं, वह कितना जरूरी है, लेकिन वे फिर भी तैयार नहीं हुए। "हम अपने नियम तोड़कर

आपको अंदर आने की अनुमति नहीं दे सकते" - उन्होंने कहा। आखिरकार हम निराश होकर वहाँ से लौट गये।

बॉडी पर रिसर्च करते हुयें हमने पाया कि यहाँ के लोगों की लाइफस्टाइल बहुत व्यस्त थी। वे एक-दूसरे को अपनी बातें, संकेतों में ही समझा देते थे। मैंने कभी उनको बोलते हुए नहीं देखा। अब तक हम शरीर के अनेक देशों में घूम चुके थे। एक दिन हम वन से होकर गुजर रहे थे, तो वहाँ हमें कुछ टेंट दिखाई दिये। हमें आश्चर्य हुआ कि इतने घने जंगल में इस सुनसान जगह पर कौन रहता है? कुछ करीब जाने पर हमें वहाँ का दृश्य दिखाई देने लगा। हमारी खुशी का ठिकाना नहीं रहा। हमलोग आरबीसी के पास जा पहुँचे थे। ये लोग बहुत दुबले-पतले दिखाई दे रहे थे। इनके शरीर को देखकर लग रहा था जैसे इनको लंबे समय से खाना नहीं मिला हो। हमारा अनुमान सही था, जब हम टेंटों के एकदम नजदीक पहुँच गये तो हमें उनकी आवाजें सुनाई देने लगीं। उनके बच्चे भूख से तड़प रहे थे तथा भोजन के लिये गिड़गिड़ा रहे थे। हमें देखते ही वहाँ भगदड़ मच गई। लोग इधर-उधर भागने लगे। हमारी कुछ समझ में नहीं आ रहा था कि ये क्यों हो रहा है? वे हमसे डर गये थे। उसी समय मेरे एक साथी ने तेजी से दौड़कर एक व्यक्ति को पकड़ लिया, जो उनका सरदार था। अपने सरदार को पकड़ा जाते देख, स्वामी-भक्त सेवक वहीं रुक गये। भगदड़ समाप्त हो गई थी। सरदार काँप रहा था। डरे हुए लोग लाचार होकर हमें देख रहे थे। उस दौरान मैंने उनको समझाया - 'हम आपको परेशान करने के लिये यहाँ नहीं आये हैं। हम यहाँ रिसर्च के लिये आये हुए हैं। हम ऐसा कोई कार्य नहीं करेंगे, जिससे आप लोगों का नुकसान हो। आपका अहित करने का हमारा कोई उद्देश्य नहीं है'। मेरे द्वारा इशारा करने पर मेरे साथी ने उनके सरदार को आजाद कर दिया। हमारी बातों में सच्चाई जानकर वे कुछ शांत हुए। सबसे पहले हमने भूखे बच्चों को बिस्किट दिये, फिर उनसे पूछा कि हमें देखकर वे इतना डर क्यों गये थे। उनलोगों को खाना क्यों नहीं मिलता? हमने एक के बाद एक अनेक सवाल दाग दिये। हमारे प्रश्नों का उत्तर देते हुए उन्होंने अपनी कहानी हमें सुनाई -

"एक पड़ोसी देश उनके देश का दुश्मन था तथा एक अन्य पड़ोसी उस दुश्मन देश का खास सहयोगी बन गया था। पहले ये सभी एक ही देश हुआ करते थे" - उनके सरदार ने बताया। हमलोग ही सबका पालन पोषण करते थे। धीरे-धीरे हमारे देश में बुराई फैलने लगी। लोग एक-दूसरे से झगड़ा करने लगे। बात खान-पान पर नहीं रुक कर मार-काट तक आने लगी। पूरा देश दो भागों में बँट गया। शांति बनाए रखने के लिये देश के दो टुकड़े कर दिये गये। हमारे देश से एक नया देश 'हाइपरप्लेसिया' बना दिया गया। सभी बुरे व लुटेरे लोग हाइपरप्लेसिया में चले गये। उन लोगों ने अपनी भुखमरी का हवाला देकर हमसे एक

आत्मघाती समझौता करवा लिया, जिसके अनुसार उनका पालन-पोषण अभी भी हमें ही करना था। हमारे देश के नीतिकार उन्हें अपना भाई मानते रहे और उनके खूंखार इरादों को भाँप नहीं पाये। हमलोग खुश थे कि चलो, बचे भूभाग पर तो शांति रहेगी। हाइपरप्लेसिया की बुराइयाँ कम होने की बजाय बढ़ती ही चली गईं। एक दिन हाइपरप्लेसिया के दो टुकड़े हो गये। हाइपरप्लेसिया से एक नया देश मैलिग्नेंट बन गया। आपस में मतभेद होने पर भी ये दोस्त बने रहे। उनको खाद्य-सामग्री की सप्लाई अभी भी हम ही कर रहे थे। धीरे-धीरे ये देश हमसे ज्यादा शक्तिशाली होते चले गये। आलसी और कामचोर लोगों की जनसंख्या बढ़ती चली जाने के कारण हमारी उत्पादकता प्रभावित हुई। उन देशों को खाद्य-सामग्री कम सप्लाई होने लगी, जिससे वे हमें आँख दिखाने लगे। वे हमारे प्रांतों पर आक्रमण करके हमारे भंडार लूट लेते थे। जब हमने इसका विरोध किया, तो हाइपरप्लेसिया और मैलिग्नेंट की सम्मिलित सेना ने हमपर आक्रमण कर दिया और हमारे बीच युद्ध शुरू हो गया। हमारी सेना को हार का सामना करना पड़ा। हमारे अनेक प्रांतों पर मैलिग्नेंट का अधिकार हो गया। वहाँ उनकी सरकार चलने लगी। हमें मारा-काटा जाने लगा। मैलिग्नेंट हमारे बच्चों का धर्म-परिवर्तन करवाकर उन्हें अपनी सेना में भर्ती करने लगा। हमारे बच्चों पर भी उसका असर होने लगा। वे भी नरभक्षी बनने लगे। इस वजह से हमें अपने प्रांत छोड़ने पड़े। इसके बाद मैलिग्नेंट ने हमारे पूरे देश पर अधिकार कर लिया। वे लोग हमें तलाश रहे थे। उनसे बचने के लिये हम यहाँ आ गये। जब मैलिग्नेंट हमें नहीं ढूँढ़ पाया, तो उसने इसके लिये दूसरे ग्रह के खतरनाक जासूसों की मदद ली।

अब तक सभी लोग हमारे पास आ गये थे, उनका डर खत्म हो गया था। वे मदद की उम्मीद से हमें घेरकर खड़े हो गये। हमने उन सभी को भोजन उपलब्ध करवाया। इसके बाद सभी अपने-अपने टेंटों में चले गये।

मेरे माइंड में कुछ प्रश्न घुमड़ रहे थे, जो मुझे आराम नहीं करने दे रहे थे। मौका पाकर मैं उनके सरदार के पास जा पहुँचा। मैंने सरदार से उन सभी पहलुओं के बारे में विस्तार से पूछा, जो इस स्थिति के जिम्मेदार थे। उन्होंने इसकी उत्पत्ति के जिम्मेदार बीड़ी, सिगरेट, तंबाकू, जर्दा, खैनी, पान-मसाला, गुटखा, अल्कोहल, स्टेरॉयड, जंक फूड, पेस्टिसाइड, अल्ट्रा वॉयलेट रे, एचपीवी इत्यादि कारणों को विस्तार से समझाया। "उनसे बचने के लिये आप ऐसे कब तक छुपकर रहेंगे?" - मैंने पूछा। "अब तो बस भगवान की मर्जी है। वह कब इससे छुटकारा दिलवायेंगे?" - उसकी आँखों में आँसू आ गये थे। उसके हालात देखकर मैं उससे और सवाल करने का साहस नहीं कर सका। हमलोग देख रहे थे कि हमारी मदद के बावजूद

उनकी स्थिति दिनोंदिन दयनीय होती जा रही थी। हमने यहाँ एक अच्छी-खासी रिपोर्ट तैयार की।

हमारे दिल में भी मैलिग्नेंट को देखने की तीव्र इच्छा जाग रही थी। हम यहाँ से मैलिग्नेंट की ओर चल पड़े। रास्ते में मैलिग्नेंट के बारे में मिली जानकारी ने हमारे दिल में भी भय का वातावरण बना दिया था। सामने बस्तियाँ दिखाई देने लगी थीं। हमलोग छुपते हुयें आगे बढ़ रहे थे। वे हमारी पौराणिक कथाओं में वर्णित दानवों से कहीं ज्यादा डरावने व भयानक थे। हममें से किसी की भी आगे बढ़ने की हिम्मत नहीं हुई।

हमारी रिसर्च अब कंप्लीट होने जा रही थी। हम अपने ग्रह पर लौटने की तैयारियाँ कर रहे थे। एक दिन मेरे साथी ने कहा - "क्यों न, जाने से पहले एक बार और बीबीबी के पास चलें? क्या पता अबकी बार हमें अनुमति मिल जाये।" "वहाँ जाकर हम अपना समय खराब करेंगे" - मैंने कहा। लेकिन टीम ने उसका समर्थन किया, तो मुझे भी उनके साथ चलना पड़ा। वहाँ जाकर हमने देखा कि आज उस दिन जैसा पहरा नहीं था। हमलोग अंदर प्रवेश कर गये। एक साथी ने बताया कि ग्रह के सुप्रीम का मुख्यालय इधर ही है। आज कोई सुरक्षाकर्मी दिखाई नहीं दे रहा था। लग रहा था, जैसे सभी छुट्टी पर गये हों। हम जिस मार्ग से आये थे, वह हजारों मार्ग में बँट गया था। हम जैसे-जैसे आगे बढ़ रहे थे, रास्ते भी बँटते जा रहे थे। पहले हजारों, फिर लाखों, अब इनकी संख्या करोड़ों में पहुँच गई थी। आखिर में हम रास्ता भटक गये। अंदर आने के तो अनेक रास्ते थे, लेकिन बाहर जाने का एक भी नहीं था। इस भूलभुलैया में हमने कई दिन गुजार दिये।

एक दिन गुप्त-मार्ग से होते हुए हम ऐसी जगह पहुँचे, जहाँ के बारे में हमने कभी सोचा ही नहीं था। हमारा भटकाव खत्म हो गया था। हम एक नए देश में जा पहुँचे थे। इस देश ने टेक्नोलॉजी में बहुत प्रोग्रेस की थी। यहाँ हवाई-सेवा उपलब्ध थी। सामने कुछ लोग दिखाई दे रहे थे। उनकी बातों से हमें पता चला कि उनके किसी शहर पर मैलिग्नेंट ने हमला कर दिया है। इतने दिनों की सुरंगी भागदौड़ के कारण हमारे शरीर में ऑक्सीजन की कमी हो गई थी। इसलिए हम ऐसी जगह जाना चाहते थे, जहाँ ऑक्सीजन की भरमार हो। हमने यहाँ से हवाई-सफर शुरू किया। सफर के बीच में आये एक देश के बारे में हमें बहुत मजेदार बातें पता चलीं। यहाँ का इलाका भूकंप के प्रति बहुत संवेदनशील था। यहाँ बड़े-बड़े भूकंप आते थे। भूमि सिस्टॉल-डायस्टॉल होती रहती थी। मैंने तुरंत अपनी डायरी निकाली और उसमें कुछ जरूरी बातें नोट कीं, जो आगे चलकर बहुत उपयोगी साबित हुईं। अब हमलोग लंग्स में पहुँच गये थे। यहाँ हमें जानने को मिला कि मैलिग्नेंट ने ग्रह के सभी प्रमुख शक्तिशाली देशों को परास्त कर दिया था। हर जगह आने वाली बला को लेकर भय का माहौल बना हुआ था।

अपनी बची हुई रिसर्च हमने यहीं रहकर पूरी की। हमें दी गई समयावधि भी खत्म हो गयी थी। हमलोग पृथ्वी पर लौट आये।

पृथ्वीवासी हमारी रिसर्च जानने को उत्सुक थे। हमने इसके लिये भी तैयारी की और लिखा - 'हमारी पृथ्वी पर कलयुग की शुरुआत हुई है, मगर शरीर पर इसकी लास्ट स्टेज चल रही है।'

एक दिन मैं न्यूजपेपर पढ़ रहा था। मेरा ध्यान एक खबर की ओर गया, जो शरीर के बारे में थी जिसपर हम रिसर्च करके आये थे। खबर में बताया गया था कि शरीर के कलयुग ने वहाँ के सभी बाशिंदों को मार दिया और वहाँ से जीवन हमेशा-हमेशा के लिये खत्म हो गया। मुझे लगा कि भगवान ने उन असहाय और बेसहारा लोगों की सुन ली थी।

मजबूर विधाता

पृथ्वी पर भयानक संकट आ खड़ा हुआ। सांप्रदायिकता का बोलबाला हो गया। लोग पहले देश में, फिर धर्मों में और अब जातियों में बँट गये। हिंसा का दौर बढ़ता ही जा रहा था। पृथ्वी पर कानून-व्यवस्था सँभालने वाली शक्तियाँ एक के बाद एक धराशायी होने लगीं। अराजकता का माहौल हो गया, जिसका समाधान किसी के पास नहीं था। जब पृथ्वी की सर्वोच्च शासन-संस्था भी ध्वस्त हो गई, तो धरती फटने लगी। बस्ती की बस्ती उसमें समाने लगी। पापियों ने इतने पाप किये कि पाप का घड़ा भरकर उजलने लगा। हजारों सालों से स्थिर शेषनाग की फन हिलने लगी। पृथ्वी पर भूकंप आने लगे। जब पृथ्वी पर पीने योग्य पानी खत्म हो गया और प्यास असहनीय हो गई, तो लोग प्यास बुझाने के लिये एक-दूसरे को मारकर उनका खून पीने लगे। इसकी वजह से एक के बाद एक लाश श्मशान घाट पहुँचने लगी। जब दाह-संस्कार के संसाधन खत्म हो गये, तो लाशों के ढेर सड़ने लगे। लाशों से अदृश्य नरभक्षियों का जन्म हुआ, जिससे महामारी अपने चरम-बिंदु पर पहुँच गई। घर-घर में लाश नजर आने लगी। लाशों को ठिकाने लगाने के लिये समुद्र का सहारा लिया गया। सड़ी-गली लाशों को समुद्र के हवाले किया जाने लगा। विभिन्न प्रकार के शक्तिशाली वायरस समुद्र में बीमारियाँ फैलाने लगे, जिससे समुद्र बीमार पड़ने लगा। अपनी हालत देखकर समुद्र का दिल रोने लगा। समुद्र के दिल से बहे समुद्र जितने पानी से समुद्र का आयतन छोटा हो गया। समुद्र में हलचल होने लगी। आखिरकार समुद्र की लहरों ने अपनी सीमा को तोड़ दिया और सुनामी का रूप धारण कर लिया।

पृथ्वी पर हाहाकार मच गया। पृथ्वी के संकट ने आसमान को भी अछूता नहीं छोड़ा। सुनामी लहरें आसमान से टकराने लगीं। आसमान में भी कंपन होने लगी। लगता था जैसे आसमान टूटकर जमीन पर आ गिरेगा। आसमानवासी भयभीत होकर अपने घरों में दुबक गये। बाजार खाली हो गये। आसमान की अर्थव्यवस्था चौपट हो गई। आगामी संकट को देखकर आसमान की सरकार भी घबरा गई। उन्होंने इसकी सूचना अपने सर्वोच्च देवलोक में भेजी। देवलोक एक सर्वोच्च संवैधानिक-संस्था थी, जो सभी लोकों में संविधान पालन करवाने पर कार्य करती थी। देवनगरी के डिजास्टर मैनेजमेंट डिपार्टमेंट ने आनन-फानन में कार्रवाई शुरू की। संकट को टालने के लिये अनेक उपाय किये गये, परंतु सब व्यर्थ रहे। समस्या बढ़ती ही जा रही थी। उन्होंने भी परेशान होकर इसकी रिपोर्ट अपने सर्वोच्च विधाता के पास भेज दी। विधाता भी रिपोर्ट पढ़कर घबरा गये। उन्होंने अपने मंत्रिमंडल की आपात मीटिंग बुलाई।

संकट के समाधान के लिये किये जाने वाले कार्यों पर चर्चा की। सभी की राय जानने के बाद विधाता ने पृथ्वीलोक के संकट को टालने के लिये वहाँ के कामकाज को सीधे अपने हाथों में ले लिया। पृथ्वीलोक पर विधाता-शासन लागू हो गया। इसके साथ ही देवलोक में एक महासभा के आयोजन का फैसला किया गया। महासभा में पृथ्वी के समस्त जनप्रतिनिधियों का भाग लेना अनिवार्य था, जो विधाता के द्वारा नियुक्त किये गये थे। जनप्रतिनिधियों के लिये सख्त आदेश था कि वे हर हाल में उपस्थित हों, वरना उन्हें डिसमिस कर दिया जायेगा। विधाता का आदेश पृथ्वी पर आग की तरह फैल गया। सदियों से सोये पड़े जनप्रतिनिधियों की नींद टूटी और उनमें खलबली मच गई। किसी में भी विधाता के आदेश की अवहेलना करने की हिम्मत नहीं थी। वे अपने फोर-बाई-फोर प्लेन तैयार करने लगे। सबसे पहले देवनगरी कौन पहुँचेगा, इसकी प्रतिस्पर्धा हो रही थी। महासभा की अध्यक्षता स्वयं विधाता करने वाले थे। सभा में संपूर्ण जगत के प्रतिनिधि, शिक्षाविद् व समाजसुधारक उपस्थित हुए थे, जो इस महान कार्य में अपना योगदान देना चाहते थे। सभी आपस में खुसर-फुसर कर रहे थे, कुछ स्पष्ट सुनाई नहीं दे रहा था। तभी सभा के अध्यक्ष महोदय पधारे। सभी ने खड़े होकर उनको प्रणाम किया। विधाता को देखकर लग रहा था, जैसे उनकी स्मृति भी कुछ कम हो गई है।

विधाता ने अपनी टेबल पर रखी ग्रंथनुमा समस्याओं को पढ़ा, जो जनप्रतिनिधि अपने साथ लेकर आये थे। इसके बाद विधाता ने सभी को ध्यानपूर्वक सुना और आगे की कार्रवाई के लिये तैयार हुए। तभी उन्हें कुछ याद आया और विधाता ने अपना सिर उठाकर देखा। सभा में 'आत्मा' उपस्थित नहीं थी और न ही उसकी जगह कोई अन्य उपस्थित हुआ था। कार्रवाई रोक दी गई क्योंकि विधाता जानते थे कि आत्मा उनके आदेश की अवज्ञा नहीं कर सकती। वह जरूर किसी मुसीबत में है। आत्मा की खोज के लिये देवदूत भेजे गये। देवदूतों ने पूरे ब्रह्मांड को छान मारा लेकिन आत्मा का पता नहीं लगा सके। वे खाली हाथ देवनगरी लौटे। जब इसकी सूचना विधाता को मिली, तो वे चिंतित हो उठे। देवनगरी के विज्ञानमंत्री को देवदूतों की मदद करने का आदेश दिया गया। वैज्ञानिकों की मदद से आत्मा की लोकेशन का पता लगाया जा सका। देवदूत जब लोकेशन पर पहुँचे, तो वहाँ का दृश्य देखकर उनका दिल दहल गया। विधाता की सहयोगिनी, आत्मा जख्मी हालत में थी। नामी डॉक्टर्स द्वारा लंबे समय तक किये गये ईलाज के बाद आत्मा की तबियत में सुधार होने लगा।

आत्मा को लेकर समय काफी लंबा खिंच गया था, इसलिए विधाता ने अपने दरबार को फिर से सुचारु किया। ठोस रणनीति बनाने के लिये बहस की जाने लगी। तभी आत्मा की तेज आवाज ने सभी का ध्यान अपनी ओर खींचा - "मैं अब वहाँ नहीं जाऊँगी, मेरी जगह किसी और को भेज दिया जाये!" - आत्मा ने कहा। इसपर सहमति नहीं बन पा रही थी। कोई भी आत्मा की जगह लेने को तैयार नहीं था। अभी आत्मा को मनाने का दौर चल ही रहा था कि

सूर्य ने अपनी कड़वाहट जाहिर की - "मैं लोगों के साथ रहूँ या उनसे दूर रहूँ, मुझे हमेशा बुरा सुनना पड़ता है। मैं आज तक नहीं समझ पाया कि वे चाहते क्या हैं!" सूर्य की बात खत्म होते ही ब्रह्मांड खड़े हुए - "पता नहीं क्यों लोगों ने मुझे कचरा-पात्र समझ लिया है। जब उनका मन करता है, रॉकेट में कचरा भरकर मेरे पास भेज देते हैं। इस कचरे से अदृश्य विकिरण निकलते हैं, जिससे मुझे बहुत परेशानी होती है।" विधाता ने कचरे के निस्तारण का आश्वासन दिया। तभी सभा में नारी के रोने का स्वर गूँजा - "मैंने क्या नहीं किया उनके लिये और बदले में मुझे क्या मिला? मेरे हालात तो देखो! उन्होंने मेरे तन को ढकने के लिये वस्त्र तक नहीं छोड़े!" - प्रकृति ने रोते हुए कहा। "मेरे हालात भी बहुत अच्छे नहीं हैं। मैं दूसरों से माल लेकर उन्हें मुफ्त में सप्लाई करता हूँ, जिसकी कोई कदर नहीं है" - चंद्रमा बोले। अब जल भी इसमें कूद पड़े - "भूमि बंजर हो रही है, नदियाँ सूख रही हैं और सबका जिम्मेदार मुझे ठहराया जाता है।" "लोग कहते हैं कि हवा खराब होने से साँस से जुड़ी दिक्कतें बढ़ रही हैं, लेकिन उनके साथ रहने से मुझे खुद घुटन महसूस होती है। उनको कहाँ से ऑक्सीजन सप्लाई करूँ, मेरे खुद के पास ही आपूर्ति नहीं है" - अब बारी पवन की थी। "मैं इन सबकी जिम्मेदारी लेने को तैयार हूँ" - वसुंधरा ने कहा। "लेकिन मैं वृद्ध और बंजर हो गई हूँ। मेरी उत्पादकता बहुत कम हो गयी है। मुझमें अब उतनी शक्ति भी नहीं हैं कि इतने सारे विभाग एक साथ संभाल सकूँ" - वसुंधरा ने बेबस होकर सभी की ओर देखा और काँपते हाथों से अपना आसन ग्रहण कर लिया। कुछ प्रतिनिधियों ने विधाता से यमराज की शिकायत करते हुए कहा - "माननीय अपनी सीमाओं से बाहर जाकर हमारे विभागों में अनावश्यक हस्तक्षेप करते हैं!" उनका इतना कहना था कि यमराज महोदय भी बिफर पड़े। कुछ मुद्दों पर सभी लोग गुटों में बँट गये और आपस में ही उलझ गये। सभा में नारेबाजी होने लगी।

विशेषज्ञों ने सलाह दी कि ये सभी अपने विभागों से परेशान हैं, तो क्यों न इनके विभागों में बदलाव कर दिया जाये। विशेषज्ञों की राय का अप्रत्याशित रूप से जोरदार विरोध हुआ। बहस फिर से शुरू हुई। कोई भी अपनी जिम्मेदारी स्वीकार नहीं करना चाहता था। हंगामेबाजी अपनी सारी हदें पार कर गईं, तो विधाता ने सभी को शांत रहने का इशारा किया। वे अपना निर्णय सुनाने वाले थे। सभी की साँसें थम गईं। आँख-कान विधाता की ओर फैल गये। सब सोच रहे थे कि पता नहीं किसका सड़ा हुआ विभाग उनके जिम्मे पड़ेगा। विधाता ने कहा - "आप सभी का कर्त्तव्य है कि संकट की घड़ी में पृथ्वीवासियों की सहायता करें। सभी जनप्रतिनिधि पृथ्वी पर जायेंगे और अपना काम करेंगे, लेकिन आत्मा की तरह अपनी जान पर खेलकर नहीं। वे अपना अस्तित्व बनाए रखें। यही हमारा आदेश है। जनसभा भंग करने की घोषणा की जाती है।"

स्वस्थ प्रकृति

मेरे रूम से कुछ दूर मार्ग पर काफी हरियाली थी। यहाँ वायुमंडल की शुद्धता के पैमाने इतने ज्यादा थे कि मरे हुए प्राणी में भी एक बार प्राण का संचार हो जाये। मैं रोज सुबह इधर घूमने आता था। अब गर्मियाँ आ गई थी। सूर्यदेव धुआँधार फॉर्म में चल रहे थे। इन दिनों पृथ्वी के तापमान का ग्राफ बहुत ऊपर जा चुका था। मार्ग की खूबसूरती पर सूर्य को नजर लग गई। सूर्य के तेज से, संघर्ष करते हुए पौधे नष्ट होने लगे जिससे हरियाली उजड़ने लगी। अपनी सफलता से उत्साहित होकर सूर्य ने अपने तेज में और वृद्धि कर दी, जिसके फलस्वरूप भयंकर गर्मी पड़ने लगी। लोग घरों में एयर कंडीशनर के सामने दुबक गये। जिन मार्गों पर ट्रैफिक जाम रहता था, वे भी खाली हो गये।

उस दिन दोपहर को मैं वहाँ से गुजर रहा था। मैंने देखा कि प्रकृति अपनी बेबसी पर रो रही थी। सूर्य के क्रोध ने इंद्र को भी डरा दिया था। वे भी अपनी जान बचाने के लिये कहीं सुरक्षित जगह छुप गये थे। मैंने प्रकृति के सैनिकों की नब्ज टटोली, तो पाया उनकी धड़कनें चल रही थीं। मैं उनकी मदद करना चाहता था लेकिन मेरे पास कोई साधन नहीं था कि मैं कुछ कर पाता। मैं वहाँ से जाने लगा। तभी मेरे दिल ने मुझे धिक्कारा - "तुम इनसे अनजान होते, तो यह कर्म मात्र औपचारिकता भर होता और तुम आराम से जा सकते थे। तुमने इनके द्वारा दी गई प्राणवायु ली है। तुमपर इनका ऋण है। आज वक्त आ गया। तुम अपने ऊपर हुए ऋण को चुका दो!" मैंने दिल को झिड़क दिया। मगर उसपर इसका कोई असर नहीं हुआ। मेरा सिर चकराने लगा और मुझे चक्कर आ गया। मैं धम्म से जमीन पर बैठ गया। मैंने बैग से पानी की बोतल निकाली और पानी पिया तभी पानी की कुछ बूँदें एक पौधे पर जा गिरीं। निष्प्राण हो चुके पौधे में फिर से प्राणों का संचार हो गया। उसका चेहरा खिल उठा। मेरे दिमाग में एक विचार आया। यहाँ से आगे चलकर एक नल था। दूरी जरूर ज्यादा थी, लेकिन मुझे हतोत्साहित नहीं कर सकी। मेरे शरीर में आश्चर्यजनक रूप से ऊर्जा का संचार हुआ। मैं नल की दिशा में दौड़ा। वहाँ बाल्टियाँ रखी थीं। मैंने उनको पानी से भरा और पौधों की ओर चल पड़ा। मैंने सभी घायलों को जीवन-रक्षक तरल दिया। ऐसा मैं तब तक करता रहा, जब तक शाम नहीं हो गई। मैं बुरी तरह से थक गया था। रूम पर गया, तो ऐसा लग रहा था कि कल सुबह जगूँगा ही नहीं।

प्रातःकाल को अलार्म बजने पर मेरी आँखें खुलीं। थकान प्रचंड रूप से मुझ पर हावी थी, फिर भी मैं अपना कर्त्तव्य पूरा करने चल पड़ा जो कल कुछ अधूरा रह गया था। जब मैं वहाँ पहुँचा, तो देखा घायलों को होश आ गया था। मैंने भगवान से उन्हें स्वस्थ करने की प्रार्थना की। मैंने महसूस किया कि आज कुछ प्रत्याशित घटित हो रहा था। मेरे अपराध की सूचना सूर्य को मिल गई थी। वे मुझ पर भड़क गये और गर्मी को जानलेवा की टॉप श्रेणी में कर दिया। शाम को मैंने देखा कि सभी के फ्लूइड का लेवल बैलेंस हो गया था। डिहाइड्रेशन की समस्या खत्म हो गयी थी। मैं रोज-सुबह शाम उनको फ्लूइड देने जाता। दूसरी ओर सूर्य, आसमान से आग गिराते। किसी भी पक्ष को अपनी हार मंजूर नहीं थी। लड़ाई भयंकर रूप धारण कर चुकी थी। सूर्य अपने ही तेज से जलने लगे। उनका शरीर भी बुरी तरह झुलस गया। मेरे द्वारा किये जा रहे काम का व्यापक रूप से असर दिखाई देने लगा। प्रकृति फिर से हरी-भरी होने लगी। मेरे दोस्त भी, जो कभी मेरा मजाक उड़ा रहे थे, मेरी मदद करने लगे। अब सावन का महीना शुरू हो गया था।

आखिरकार वह दिन आ ही गया, जब सूर्य ने हमारे सामने घुटने टेक दिये। आसमान में काली घटायें उमड़ आईं। उन्होंने पराजित सूर्य को बंदी बना लिया। बारिश इतनी तेज हुई कि कई दिनों तक रुकी ही नहीं। इस दौरान हम वहाँ नहीं जा सके। एक दिन बारिश का असर कुछ कम हुआ, तो हमने उनके पास जाने का प्लान बनाया। जब हम वहाँ पहुँचे, तो वहाँ का दृश्य देख आश्चर्यचकित रह गये। मुझे अपनी आँखों पर विश्वास ही नहीं हो रहा था। वे सभी अपने गुजरे वक्त को भूलकर खुशी से झूम रहे थे। सभी एकदम स्वस्थ थे। उन्होंने गर्मजोशी के साथ हमारा स्वागत किया और अपनी खुशी में हमें भी शामिल कर लिया। शाम को बड़ी अनिच्छा से उन्होंने हमें विदाई दी। अब, जब भी मैं वहाँ जाता हूँ, वे कभी खुशबू लिये, तो कभी फूल लिये हमेशा मेरे स्वागत को खड़े रहते हैं।

एक रूह की उलझी कहानी

मेरे परिजनों के लिये वह पैरानॉर्मल और मेडिकल साइंस के लिये बीमारी न होकर एक समस्या थी। अपनी पराजय पर पर्दा डालने के लिये, जिसे वो मेरी मेंटल इलनेस करार देता। मुझे लगता, जैसे कोई मेरे साथ चल रहा है। मैं अचानक से पीछे मुड़कर बोलता - 'तुम कौन? और मेरे पीछे क्यों आ रहे हो?' और फिर अपने पीछे किसी को न पाकर अपनी मूर्खता पर हँस पड़ता। कोई तो था, जो मेरे साथ था। किसी काले जादू से मुझे नजरबंद कर दिया गया था। मैं कुछ देख नहीं सकता था।

एक रात मेरी आँखों से नजरबंदी हटी। उस समय मैं ड्यूटी पर था। मेरे साथी अपना काम खत्म करके अपने ठिकानों पर जा चुके थे, जिनके बारे में हर किसी को नहीं पता होता था, नहीं तो उन्हें सोने कौन देता। एक मैं था, जिसे सोने की कोई चिंता नहीं थी। मैं पूरी रात इधर-उधर घूमकर या लॉन में रखी बेंच पर बैठकर बिता देता था। गर्मियों की रातों में अस्पताल का लॉन भरा हुआ होता, लेकिन सर्दियों की रातों में यहाँ कोई नहीं बैठता था। इन रातों में लॉन एकदम सुनसान रहता। वृक्षों की पत्तियों के आपस में टकराहट से उत्पन्न डरावनी आवाज के अलावा कुछ सुनाई नहीं पड़ता। मुर्दाघर का खयाल आते ही लगता, जैसे सभी मुर्दे जागकर बोल रहे हैं कि हमारी मौत के जिम्मेदार तुम भी हो। तुम्हारे ईलाज के बावजूद हम मर गये। तुम्हारा ईलाज विफल रहा। हॉस्पिटल नेशनल हाइवे पर था, इसलिए मरीजों के आने का कोई टाइम-टेबल नहीं था। रात में तो कुछ ज्यादा ही केस आते थे। मेंटल डिपार्टमेंट की बात करें, तो कौन, कब भड़क जाये, कुछ नहीं कहा जा सकता था। मेरे साथी तो इन लफड़ों से बचना ही पसंद करते थे। कोई नही चाहता था कि उसकी नाइट ड्यूटी लगे। ऐसा नहीं है कि मैं अपनी ड्यूटी के प्रति बहुत ईनानदार था। सच तो ये है कि मुझे नींद ही नहीं आती थी। उस रात को चाँद, तरबूज के छोटे टुकड़े का आकार लिये आसमान में चमक रहा था। आज हल्की बूँदाबांदी हुई थी, जिसने सर्दी को बढ़ा दिया था। मैं घूमता हुआ लॉन में जाकर बैठ गया। मैं और चाँद एक दूसरे की तन्हाई बाँट रहे थे। वहाँ बैठे-बैठे मुझे नींद आ गयी।

अचानक मेरे पास कोई आहट हुई। मैंने आँखें खोलकर देखा, कोई मेरी सामने खडा था। मैंने ध्यान से देखा, तो पाया वह एक लड़की थी। “भू...... भूतनी!” - मैं डरकर पीछे की तरफ दौड़ा। उसने फुर्ती दिखाते हुए मेरा हाथ पकड़ लिया - “भागकर कहाँ जा रहे हो? अब छोड़ने

वाली नहीं हूँ!" मैंने हाथ छुड़ाने की कोशिश की, तो उसने पकड़ और मजबूत कर दी। "अपने को निडर बताने वाले! आज तुम डर रहे हो!" - इतना कहकर वो हँस पड़ी। सचमुच मैं इतना डर गया था कि मेरा पूरा शरीर पसीने से भीग गया था। अपना हाथ छुड़ाने की कोशिश में मैंने उसके हाथों को स्पर्श किया। ये तो एक सजीव युवती के हाथ थे! "मुझे जाने दो! - मैंने कहा। "बड़ी मुश्किल से मिले हो। ऐसे कैसे जाने दूँ! तुम्हें पता भी है, मैं कब से तुम्हारा इंतजार कर रही थी! और तुम थे कि मुझे देखते तक नहीं थे! अब नहीं छोड़ने वाली!" - उसने अपनी पकड़ फिर से मजबूत कर दी। "तुम मेरा इंतजार कर रही थी?" - मैं अवाक रह गया। "हाँ! लेकिन तुम्हें क्यों पता होगा!" "मैं पहले ही बहुत परेशान हूँ। मुझे जाने दो!" - मैंने कहा। "अगर तुम कल मुझसे मिलने का वादा करो, तो मैं तुम्हें आराम से जाने दे सकती हूँ। ऐसे नहीं जाने दूँगी, तुम्हें जो करना है कर लो!" - उसने कहा। मैं उसके सामने पूरी तरह असहाय था। मैं जान गया था कि मेरी आजादी अब उसी के हाथ में है और वह मेरा हाथ छोड़ने वाली नहीं है, तो मैंने हाँ कर दी। उसके मुरझाए चेहरे पर चमक आ गई। "पक्का मिलने आओगे? भूल तो नहीं जाओगे?" - उसने दोहराया। "हाँ, मैं आऊँगा!" - मैंने कहा।

अगले दिन उसके पास जाने की मेरी कोई इच्छा नहीं थी। मैं तो वैसे ही डरा हुआ था। मैं उससे बचना चाहता था, लेकिन वह खुद ही मेरे पास आ गई। मैं कोई बहाना बनाकर वहाँ से भाग भी नहीं सकता था। अब ये उसका रोज का काम हो गया। शुरुआत में तो मैं उससे डरा-डरा रहता था कि ये क्या बला है, मगर धीरे-धीरे डर जाता रहा। मैं भी अकेला ही था, चलो कोई बात करने वाला मिला। हम दोनों को लॉन में बैठकर बातें करते हुए घंटों बीत जाते, कई बार तो सुबह ही हो जाती। अब ऐसा नहीं था कि वह मुझे बुलाती, तो ही मैं उसके पास जाता, बल्कि मुझे वक्त मिलता तो मैं खुद ही उसके पास चला जाता। मुझे आया देख वह बहुत गहरे वन के झुरमुट से बाहर निकलती और खुशी के मारे मेरी और दौड़ पड़ती। "आ गये तुम! इतने दिन कहाँ थे?" और मेरी बांहों में झूल जाती। एक दिन मैंने उससे कहा - "कोई तीसरा भी हमें देख रहा है।" वह घबरा गई। "कौन....कौन देख रहा है?" उसने चारों दिशाओं का निरीक्षण किया। जब कुछ नहीं मिला, तो मेरी ओर देखा। "प्रकृति और उसका परिवार हमें देख रहा है!" तब जाकर वह सामान्य हुई। "इन्हें देखने दो! ये हमारी मुलाकातों का कोई गलत अर्थ नहीं निकालेंगे। ये जानते हैं कि मेरा और तुम्हारा रिश्ता कितना पवित्र है।" कई बार वह इतनी खुश होती कि मेरे हाथ में कलम पकड़ा देती और कहती - "मुझपर भी कुछ लिखो!" कलम से निकली रचनाओं को इस तरह सहेज कर रखती, जैसे ये उसकी अमानत हो। मैं उसे कुछ सुनाता, तो खुशी के मारे उछल पड़ती, मानो आकाश टूटकर उसके कदमों में गिर गया हो और वह चाँद-तारों पर कूद रही हो। मैं उससे पूछता - "वह मुझसे ही क्यों मिलती है?" वह कहती - "सही वक्त आया, तो इसपर भी फुरसत से बात करेंगे। अभी मैं

तुम्हें इसलिए मिली क्योंकि तुम खुद से आगे निकल गये हो।" मैं नासमझ की तरह उसकी ओर देखता। वह मुझे उदाहरण देकर भी समझाती, लेकिन मेरे कुछ समझ में नहीं आता। उसकी बातें अलग ही लेवल की होती थीं। कई बार मुझे लगता कि मेरे सवाल को टालने के लिये ये फालतू की बातें करती रहती है। शायद उस वक्त तक मेरा दिमाग इतना विकसित नहीं हुआ था, जो उनका अर्थ समझ पाता। वह कभी बकवास नहीं करती थी क्योंकि उसकी बातों का अर्थ मेरे अब समझ में आता है।

"मैं तुम पर नॉवल लिख रहा हूँ" - एक दिन मैंने उससे कहा। उसके गुलाबी गाल एकदम लाल हो गये। "क्या कहा? मुझपर नॉवल लिख रहे हो?" "मैं चाहता हूँ कि दुनिया भी तुम्हारे बारे में जाने।" "उसकी कोई जरूरत नहीं है!" "फिर उस अधूरे नॉवेल का क्या करूँ?" "उसे फाड़कर फेंक दो!" - वो चीखी, लेकिन मैं शांत रहा। "तुम मुझपर नॉवेल नहीं लिखोगे!" - उसने कहा। मैं खामोश था। "तुम बोलते क्यों नहीं?" - उसने मुझे झकझोरा। मैंने अब भी कोई जवाब नहीं दिया। "तुम्हारा नॉवल मेरा सुख-चैन, शांति, सब छीन लेगा! मैं ऐसे ही खुश हूँ! ऐसा मत करना, प्लीज!" इसके साथ ही उसकी आँखों से अश्रुधारा बहने लगी। मैंने उसे चुप कराना चाहा, तो उसने फिर पूछा - "क्या तुम नॉवल लिखोगे? बोलो ना!" मैं उसको रुसवा करने का साहस नहीं कर सका। "नहीं लिखूँगा! मैं चाहता हूँ तुम खुश रहो।" मेरे इतना कहते ही उसने बिजली की गति से मुझे अपने आगोश में ले लिया। मुझे एक झटका सा लगा, जैसे मेरे शरीर में करंट दौड़ गया हो। मैं देख रहा था कि मेरे शरीर में बहुत तेज इनवॉलंटरी कॉन्ट्रैक्शन हो रहा था और मैं कुछ नहीं कर पा रहा था। मैं खुद को संभाल पाता और कुछ कर पाता, उससे पहले एम्बुलेंस का सायरन बज उठा। एम्बुलेंस के सायरन की तेज आवाज से मेरा ध्यान टूटा और मैं सपनों की दुनिया से वर्तमान में आया। इमरजेंसी में केस आ गया था। मुझे अपनी ड्यूटी करनी थी। सपने की सच्चाई की बात फिर कभी करेंगे।

सुन मेरे मालिक

सुन मेरे मालिक! मुझको एक वरदान दे।
संकटों को काट दूँ, ऐसी इक तलवार दे।

शक्ति की अवतारी आज
मृत्यु शय्या पर सो गई,
रक्तबीज यहाँ घूम रहे
चामुंडा कहाँ खो गई?
कलयुग में बेचैन किया,
तू आज फिर अवतार ले।

चारों ओर है अँधियारा,
दिखलाओ ना कोई किरण!
पत्थर दिल क्यों हो गया तू
आया हूँ मैं तेरे शरण!
पापियों को सबक सिखा दे,
करके फिर तांडव दिखा दे!

अगर दम है मेरी भक्ति में,
दिखाओ अपनी शक्ति को;
तूफानों से घिर गया हूँ,
किनारे लगा दो कश्ती को!
मैं मुसीबत से टकराऊँ
तू कलम को मेरी धार दे।

आ जाओ, रे हनुमान!

आ जाओ, रे हनुमान!
आज संकट में है तेरे भक्तों की जान।

पाप का घड़ा फुल भरा,
अमृत लगती आज शूरा;
समझ में नहीं आता यहाँ,
कौन अच्छा, कौन बुरा;
पहचान मुश्किल हो गई है,
रावण पास में रखते राम।

शक्ति को अपनी भूल गये हो,
नहीं है कोई तुम सा बली!
उठाकर अपनी गदा को,
मचा दो यहाँ पर खलबली!
निशाचरों की भीड़ से,
कितनी डरावनी होती शाम।

लड़ाई जारी रहेगी!

मेरे दिल का फूल मुरझा नहीं पाएगा,
जीवन में बहार भी आयेगी।

पूरी बातें कौन जानना चाहता है?
यहाँ सिर्फ अधूरी कहानी सुनाई जायेगी।

मत करो खुद को इतना खराब,
तुम जानते नहीं, आबोहवा रूठ जायेगी।

पवन ने अगर बगावत की,
हवायें भी तुम्हारे खिलाफ हो जायेगी।

रावण कभी विजय नहीं हो सकता,
अंततः जय-जयकार तो राम की ही की जायेगी!

अमावस्या की काली रात को फिर दीप जलाऊँगा,
फिर रोशनी होगी, फिर दीपावली मनाई जायेगी!

अंधेरे के साम्राज्य का अंत भी होगा,
यह लड़ाई जारी रहेगी!

सपना

देखा था सपना, खयालों में
साकार हो रहा है;
मंगल पर घर मंजिल का
आकार ले रहा है।
चाँद पर पड़ चुके हैं
मनुष्य के कदम,
तारों को तोड़ लाया है;
सात समंदर पार कर चुका यात्रा,
अपने अंदर नहीं जा पाया है।

ईमान हमारा संकट से घिरा है,
जैसे कीचड़ में मोती गिरा है;
इंसान चमक अपनी खो रहा है,
हीरा बनकर, फिर से
कोयला हो रहा है।
दिखाई नहीं दे रहा कुछ,
हुई नजरबंदी है;
कैसे जायें दिल के पार,
बीच में तारबंदी है!

सवेरा बीता,
दिन भी बीत गया है;
हुआ है अंधकार,
गहरी रात आ रही है।
भूल आये हैं घर पर,
ना याद दीपक रहा है;
चल रहा हूँ मैं,
पर मुसीबत बड़ी है।
नाच लेना चाहती है गिद्ध-दृष्टि,
आत्मा मेरी परदा ताने खड़ी है;
ईमान को लूटकर,
धर्म अपना बुलाया है।
हँस रहे थे हम,
सच्चाई ने बड़ा रुलाया है।

नैतिकता ना खो देना

जब भूमि बंजर हो,
पादप पानी के लिये तरसते हों,
फसल के पोषण के पैमाने बहुत नीचे हों;
ऐसे में हार भी होती है।
खुद को मिटाने से खाद तैयार होती है,
सब आसान हो जाता है,
जब कमजोरी ही ताकत बनती है।
तरक्क़ी अपने दम पर मिले,
छाप छोड़ देती है;
जब पवन अपनी हद छोड़ देती है,
राह में आये वटवृक्ष को भी तोड़ देती है।

जब शत्रु व्यूहबद्ध हो जाये,
सामने आपदा आ जाये,
हताशा के बादल छाए हों,
विफलता का तिमिर हो;
पथ खत्म हो जाये,
हमसफर ही बाधा बन जाये;
जब महत्वकांक्षा का पतन हो,
चलने में भी विलंब हो,
जब समय लम्हे चंद हो,
फिर अपनी हद में मत रहना।

हर बंधन को तोड़ देना।
पर इतना ख्याल रहे,
अपनी नैतिकता ना खो देना।

सही जवाब

अभी तक सही जवाब नहीं ढूँढ़ पाया,
कौन बिगड़ा है, सुधर जाने के लिए?

अपने कर्त्तव्य के प्रति हमेशा ईमानदार रहा हूँ,
यह सब होता नहीं, जताने के लिए।

मेरे अंदर बहुत उथल-पुथल हो रहा है,
सही वक्त नहीं है, कुछ बताने के लिए।

मेरे फितरत नहीं है कैद होकर रहना,
रोशनदान बना दो, आने-जाने के लिए।

जो संघर्ष नहीं कर सकता, उसे मिटना होगा,
हवायें तो बेवजह बदनाम है, चिरागों को बुझाने के लिए।

अब, हर चीज के सबूत नहीं दिये जा सकते;
मैंने देखा है पवन को चलते, दीयों को जलाने के लिए।

तेरा घर भी जल जायेगा!

मेरे साथ जो परिंदा बैठा है;
पंख निकलेंगे, ये उड़ जायेगा।

अकेले ही सफर पर निकला हूँ,
उम्मीद है, हमसफर मिल जायेगा।

जब हुंकार भरनी थी, तब खामोश रहा;
अब तेरे चिल्लाने से क्या हो जायेगा।

चिराग जल रहा है तो उसे जलने दे,
बुझाने से तेरे पथ में भी अंधेरा हो जायेगा।

जाते हुए इन राहों में काँटे मत बिछा,
तू वापस इधर से ही आयेगा।

रैन बसेरों में आग लगाने की आदत रही है तुम्हारी,
रुख जो पवन ने बदला, तेरा घर भी जल जायेगा।

फर्क पड़ता है!

तुम्हारे पड़ोस का सौंदर्य उजड़ जाये,
तुम कुछ भी न करो
यह भी ठीक नहीं है।
खून में इतना तो उबाल रख!

तेरे शहर का वातावरण खराब होगा,
असर तुझ पर भी होगा;
तू यह कैसे बोल सकता है,
मुझ पर नहीं पड़ता फर्क!

अपने को चिराग समझ,
फिर जलने का साहस भी रख!
जलना आसान है, जलते रहना नहीं;
तूने देखा नहीं है खौफनाक मंजर!

हर किसी को आशियाना मिले,
ये जरूरी नहीं है;
लोग रातें गुजारते हैं,
शमशान घाट में सोकर!

तेरे ठोकर लगी, तू लड़खड़ाया;
मुसाफिर पत्थर तो हटाता जा!
तरक्की की राहें बड़ी भयानक होती हैं;
आगे बढ़ती है, किसी को पीछे खिसकाकर!

एक बार हाथ पकड़ लिया,
आराम करने का मौका ही नहीं मिलेगा;
दर्द से कराहेगा, मगर रुक नही पाएगा!
चूर हो जायेगा, राहों में थककर!

पवन के साथ चलना
इतना भी आसान नहीं है;
मेरे हमसफर! तू दुस्साहसी है,
पहले सोच ले, थोड़ा रुककर!

किताब की कीमत कम रहे और इसे हर कोई खरीदकर पढ़ सके, इसके लिये लेखक द्वारा एक रुपये की रॉयल्टी ली जाती है। जरूरतमंद लोगों को किताब मुफ्त में भी दी जाती है।

आप इसका हिस्सा बनना और इसको सपोर्ट करने के लिये डोनेशन करना चाहते हैं, तो क्यूआर कोड स्कैन कर सकते हैं।

सम्पर्क : pkrao9698@gmail.com

Pawan Kumar

हिंदुस्तान रहने दिया जाये!

यह कैसी बात हुई!
सरकार जीती,
लोकतंत्र जीता,
जनता की हार हुई!

देश की राजनीति कमाल कर रही है,
तिलों से तेल निकल गया;
अब खून निकाल रही है!
भुखमरी के देखो कैसे दिन आ गये;
पहले खाया ईमान,
फिर खाया चारा,
अब कोयला भी खा गये!

कल तक जो बिना बात बोलते थे,
जुबान से नमक-मिर्च घोलते थे,
वे चुप्पी क्यों साध गये?
उनकी वजह से
नमक-मिर्च नहीं खरीदना पड़ता था;
यह रुपया तो जेब में बचता था!
अब झोली खाली,
हाथ फैलते आ गये!

सब लोग कहते हैं, देश बदल रहा है;
इसको ऐसे भी न बदलने दिया जाये;
रोटी की आस लिये बच्चा सो गया,
भूखे पेट को तो निवाला दिया जाये!

आज फिर चर्चा जोरों पर है,
नया प्यार ढूँढ़ लिया जाये!
मैं बेवफा नहीं हूँ,
मेरे पास मेरा वही पुराना यार;
हिंदुस्तान रहने दिया जाये!

ओ बादल! पानी बरसा

जिसने सभी को दिये सहारे
वो धरती आज पुकारे -
वर्षों से मैं तरसी हूँ,
कर दे अब तू वर्षा,
बरसा-बरसा, बरसा-बरसा...
ओ बादल, पानी बरसा!

बदन पर मेरे पड़ी दरारें,
दिल बना मेरा रेगिस्तान,
गरजा और फिर चला गया,
करता क्यों तू अभिमान?
सावन बीता, बीती सर्दी,
बीत गया फिर खरसा।

नदी, तलैया, सब हैं सूखे,
बादल क्यों मुझसे रूठे?
चलती है रेतीली आँधी,
तू बरसे, तो होवे चांदी;
दिल चाहे जितना,
बरस तू उतना,
किसने तुझे है रोका।

तूफान बन जाओ, पवन!

समुंदर भी रोया कितना
पानी उसका हुआ लवण।

सतयुग में भी हुआ था
नारी का हरण।

द्वापर से ही नहीं रुका
द्रौपदी का चीर हरण।

अपने लूटते हैं इज्जत
जाये वह किसके शरण।

सोचता हूँ जब मैं यह
हो जाता है मेरा मरण।

पापियों से लड़ना है
कर लिया हमने प्रण।

अभ्यस्त नहीं है जिसके
तैरना है वह तरण।

कहाँ जाकर सो गये
जागो रे तुम, जन!

निकालो बस्ती से भेड़िए,
भेजो इनके वन!

समय वह अब आ गया है,
तूफान बन जाओ पवन!

जग में रहने को क्या बचा है

जग में रहने को क्या बचा है!
चारों ओर हाहाकार मचा है।

संस्कृति कितनी आगे जा चुकी है,
धर्म का कद कितना घटा है।

वसुधैव कुटुम्बकम् में दरार पड़ी है,
इसका रखवाला भी पीछे हटा है।

एकता की बात अब क्या ही करें,
जगतगुरु भारत, जातियों में बँटा है।

कहाँ रहेगी अहिंसा, जब गये इसके पुजारी?
मार-काट में अब आने लगा मजा है।

कभी करते थे वन्दे मातरम् का जाप,
दिन हो या रात, कुर्सी का नाम रटा है।

कितना अच्छा हो, सब बेईमान हो जाये!
ईमानदारी आज इक सजा है।

सोचते थे हम खत्म होगी दुनिया,
वह बादल भी कहाँ पहाड़ों पर फटा है।

भटकाने को तो आये थे अनेक जालिम,
जमीर मेरा, मेरी कलम के साथ डटा है।

मैं कुछ लिखता

जब भी मैं कुछ लिखता
भारत का वह नक्शा खींचता।

एक यहाँ भूखा मरता,
दूसरा खाता काजू, बादाम, पिस्ता।

राम, कृष्ण हुए थे तब,
सभी का दिल था जीता।

फिर आयेगा अवतार कोई,
मैं घूँट सब्र का पीता।

आजानुबाहु धनुष उठायेंगे,
कुछ तो पता होगा सीता।

मधुसूदन कब आयेंगे,
तुम्हीं कुछ बता दो राधा!

परशुराम ही शायद बता दें,
कब चलेगा उनका फरसा।

करवा दो भोले से तांडव,
बहुत हो गया पार्वती माता!

काल तो आगे बढ़ता रहा,
घटती जाती रही मनीषा।

इंद्र से अब नहीं उम्मीद
तुम तो कुछ करो सरिता!

मेघा वादा निभा देना,
मैं साथ पवन के रहता।

तेरा इतना अहम भी ठीक नहीं है,
तू तो मेरा साथ निभाता!

वर्षा की मैं देखूँ बाट,
ना देखी मैंने शीतलता।

मूसलाधार कोई बारिश कर दो,
मेरे दिल का दरिया रीता।

कैसे भूलूँ देश को?
है इसकी मिट्टी से रिश्ता।

देखा जब भारत माँ को,
जख्म हरे हो जाते मेरे;
खून है उनसे रिसता।

फल पाने दो

कर्म किया है जो, फल उसका पाने दो,
नींद हमें आने लगी, चैन से सो जाने दो।

हल्के को गिरा देते, भारी खुद गिर जाता,
अल्पमत को गलत साबित करते, बहुमत खुद हो जाता।
बतलाया कितना दुनिया को, क्या हुआ?
अब जाने दो।

पहले कर्ज क्यों किया, अब गुलाम तुम्हें बनाता
संगठन की क्या बात करें, वह अपनों पर तलवार चलाता।
किसी को कोई डर नहीं, जो होता है, हो जाने दो।

जब खाली हाथ जाना है, क्यों करते हो इतना पाप?
दिल हमारा नहीं पसीजता, मत करो तुम पश्चाताप।
हमें राष्ट्रधर्म की रक्षा करनी, बाड़ कंटीली लगाने दो।

अपने वश में नहीं है तुमको यह समझाना;

शांति का है उपाय, झगड़े का हो जाना,

कौन सा हमसे टकराएगा!

संकट को आ जाने दो।

तुमको क्या समझायें, दुनिया वाले सब समझे

फालतू की बातों पर हम क्समें-वादे नहीं करते,

राग तुम्हारा हुआ बेसुरा, अब भागवत गीता गाने दो।

रिलैक्स

बढ़ रही है डीफनेस?

तो काढ़ों अपना इयर वैक्स!

व्हाट? व्हाट? व्हाट?

रिलैक्स! रिलैक्स! रिलैक्स!

अचीव करना चाहें गोल,

डाइवर्ट हो जाती सोल;

बल्ब लगा गोल ओरिएंटेड,

माइंड कर दिया लाइटेन;

करना नहीं है वेट,

नॉलेज होगी सर्कुलेट।

भटकाव आने वाला है,

जाना नहीं भटक;

कुछ कर गुजरना है,

चलना है दूर तलक;

ठान लिया, रहेंगे अटल,

पासे को देंगे पलट;

हिम्मत से चलेगा कारवां,

दिल पर होगा आसमां;

लाइफ में लाना है चेंज,

कर दिया चैलेंज;

बढ़ रहा है डेंजर,

हम होंगे लाइफ चेंजर!

मंजिल से बोला हंटर,
छोड़ूँगा मैं ऐसा मंत्र;
टीथ दिखती है मुझको,
दम हो जायेगा छूमंतर;
फिर मारूँगा तुझे, तेरा करूँगा कैश!
व्हाट? व्हाट? व्हाट?
रिलैक्स! रिलैक्स! रिलैक्स!

कदम बढ़ाओ

यारों!
आओ,
संग मेरे तुम
कदम बढ़ाओ,
कुछ नहीं कर सकते,
यह तो करके दिखाओ!
यारों...

जरा से क्या लड़खड़ाए,
ये देखो, यह निकला दम;
एक बार विफल हुए,
लगा जैसे सब हुआ खत्म।
रुक गये, तो रुकी कहानी;
चल पड़े, तो चली कहानी;
ना आज किया, ना कल होगा;
सोचा ना, वह पल होगा।
जब मौका मिला है लाजवाब,
दिल हुआ बेताब;
खुद पर रखो विश्वास,
जीतोगे तुम खिताब;
किस्मत का क्या बदलेगी,
आज नहीं, तो कल सही।
हारकर बैठोगे तो

ना होगी समस्या हल कभी,
तूफानों में कश्ती तेज चला करती है,
इनसे ना घबराओ।
यारों...

माँ

चाहती है मुझे कितना,
ना लबों पर बददुआ है,
वो माँ हैं!

बारिश करती ममता की,
जैसे बागों की माली हो;
न जानें कहाँ से भरता है,
ना यह समंदर खाली हो।
कितने उपनाम मिले हैं, माँ!
तेरा हर नाम हरि सा है,
कष्ट हरे हैं तूने सारे,
तू जीवनदायनी सरिता है!
क्या तेरा गुणगान करूँ,
अपने पास अब शब्द नहीं हैं,
हर गलती को माफ किया,
ना हुई कभी खफा है।

हार्ट अटैक

हार्ट अटैक! हार्ट अटैक!
साथ में है हार्ट ब्लॉक!
चाबी कोई ढूँढ़ के लाओ,
मेरे दिल का ताला हुआ लॉक!

बाकी सब तो ठीक है,
दिल की धड़कन चेंज;
धक-धक करती हार्टबीट,
जैसे दिल से गुजरती हो रेल।
कैसे करूँ मैं सेव,
उठती है टाइडल वेव;
बढ़ता जाता खोप,
डॉक्टर हुए फ्लॉप;
ईसीजी में बढ़ गई रेट,
हार्ट डिजीज हुई कॉम्प्लिकेट!
किसका दूँ मैं हवाला,
चलना दूभर हो गया, साला!
मेडिसिन बनी है जोक!

नेचर ने तुझको बनाया,
देखो कितना हसीन!
मेरे दिल का कब तुझको
दिखाई देगा सीन!
हर पल रोता रहता हूँ,
मेरे दर्द की तू मेडिसिन;
लाइफ सेवर करे ना काम,
बतलाओ, मैं दे दूँ दाम!
हार्ट हुआ है विल्डरनेस,
माली आते अल्टरनेट;
कार्डियक अरेस्ट का बढ़ता वार,
हार्ट से गया हूँ हार!
हेल्प! हेल्प! हेल्प!
माई प्रॉब्लम इज टर्निंग इंटू शॉक!
(My problem is turning into shock)

कीप ऑन!

कीप ऑन! वी विल गेट सक्सेस!
कीप ऑन!
करो कैमरे रैपिड ऑन,
वरना तुम सबको
मैं बतला दूँगा रॉन्ग!

ना देंगे कभी पेपर गैस,
मिलकर सारे करेंगे ऐश;
दुनिया बनेगी अपनी फैन,
जब देंगे अपना बेस्ट।
मेरे साथी रहेंगे मेरे साथ,
रहूँगा ना मैं लोन। (लोन-अकेला)

बोलूँ ना मैं वचन बोल,
फिल्मों में हुए हैं रोल;
लगा दिया था सारा जोर,
सवाल नहीं हुआ था सॉल्व!
थोड़ा एंटरटेन करेंगे,
चले आओ सारे पिक्चर हॉल!
फूको एनर्जी, करोगे गेन!
ना समझो तुम पेपर टाइगर,
होंगे हम साइलेंट फाइटर;
फिर अपना होगा सारा जोन!

मुलाकात तेरी

मैं घायल परिंदा,
मुश्किल थी कितनी
राहें मेरी,
बेचैन दिल को
राहत मिली,
जब तू गले लगी।
मुलाकात तेरी
जख्मों पर मेरे
मरहम लगी।

जिंदगी मेरी
गहरा सा कुआँ,
डूबने मैं लगा,
दीप बुझ गया।
अँधियारा हुआ,
रास्ता खो गया,
मेहरबानी तेरी
फिर मुझपर हुई।

दिल जख्मी हुआ,
फूल मुरझा गये;
मेरे ही नगमे
मुझे तरसा गये,
फिर आकर के तुम

बन घटा छा गये,
जब दर्द मिला हर गली;
संग मेरे तू चली।

कोई अपना ना हो पाया,
तूने साथ निभाया;
भूल गया खुद को,
तुझे ना भूल पाया;
जब तू मिली,
बादल गरजे,
पवन चली,
फिर वर्षा हुई।

अधूरी रही है
मेरी कहानी,
पूरी करोगी
तुम राधा रानी!
जुदा होना तुमसे
मुमकिन नहीं है,
तेरी मूर्त दिल में
घर कर गई।

वजूद

वजूद है तुझमें उसका,
इनकार कर तू चाहे;
धड़कन तेरी चाहती है,
मेरे दिल! तू चाहे, ना चाहे।

कितना हसीन लगता था
हरी धरा, नीला आकाश;
बंजर हुई तेरे दिल की भूमि,
फिर मोहिनी हो जाती, काश!
राधा की तो चाहत थी -
मेरी दुनिया श्याम बसायें!

माँगी थी जो तूने,
कबूल दुआयें हो जातीं;
तू याद जब उसको करता,
यादों के संग वो भी आती!
आँखों से तो बरस चुका,
अब बादल पानी बरसायें।

जहाँ में तेरे उसका घर है,
कैसे यहाँ आये कोई;
खंडहर हो चुका है दिल,
कैसे इसे सजाये कोई!
रोती है शाम बेचारी,
कोई बांसुरी अब ना बजाये!

हक था तुझपर उसका,
हकदार तेरी रहेगी!
लबों पर तेरे है वो,,
आवाज वही रहेगी!
संगीत यहाँ पर बजता है,
मेरे दिल! तू चाहे ना गाये।

बन जा मेरा शिवा

गहराई थी तुझमें,
उसमें समाता गया;
याद तुझे करते-करते,
खुद को भुलाता गया।
कहना तो चाहा,
तूने कहने ना दिया;
लिखना चाहा,
वह भी पूरा न हो सका।
ना हो सकूँगा तुझसे जुदा,
तू बन जा मेरा शिवा!

जब दर्द में मैं होता हूँ,
साथ में मेरे होता है!
ना आह दिल से निकलती है,
सब कुछ तू ही सहता है!
लिखने तुझको मैं बैठूँ,
अल्फाज़ मुझेमें ना मिलते;
अंधकार भरी पगडंडी में,
सिमटते जाते मेरे रस्ते,
साथ तेरा सवेरा मिला।

वजूद है तू मेरा,
तू ही आने वाला कल!
लड़खड़ाऊँगा मैं,
तू जाना जरा सा संभल!
अब चले आओ,
सब बंधन तोड़!
कौन-सी यहाँ मजबूरी है?
जन्मों से ना पूरी हुई,
वो चाहत आज भी अधूरी है!
देखा तुझे, तू फरिश्ता लगा!

आवाज बनकर निकल

कुछ याद नहीं है मुझे,
पर भूलूँगा ना मैं तुझे;
तेरे साये में रहा है,
ना दूर करना इसे।
आजाद करता हूँ तुझे,
मेरे दिल से जा तू निकल;
एहसास बनकर निकल,
खामोश रहता हूँ मैं;
मेरी आवाज बनकर निकल।

चली है पवन सुहानी,
आसमां से बरसा पानी;
दरिया भी भरा,
लता भी हुई हरी;
रास्ता भटके थे हम,
अब हुआ यहाँ सब सही।
दर्द जाता रहा,
पास आती रही खुशी;
छूईं है आज ऊँचाई,
वह तेरी वजह से है पाई।
किया था जो तुझसे,
पूरा वादा करूँ;
अल्फाज बन तू मेरा,

गजल तुझपर लिखूँ।
दिल में चाहत रहेगी,
इक दिन तुझसे मिलूँ;
भूल न जाना मुझे,
आजाद होकर के तू।

खामोशी का जवाब

सब कोशिशें बेकार हो गईं
कितना सुकून देता दिल को
तेरा दुल्हन-सा संवर जाना।

आगे बढ़ने का वक्त आ गया है,
आँखें खुशी में भी भीग जाती हैं,
मत देख मेरे आँसुओं का छलक जाना।

तुमने बहुत कुछ देखा,
संघर्ष नहीं देखा,
देखा तो बस दरिया का सूख जाना।

दुनिया ने अल्फाजों के अर्थ निकाले,
सब निरर्थक कर गया
तेरा कुछ नहीं समझ पाना।

मैं हैरान था, मुझे किसी ने कहा
बड़ा कमाल का हुनर है तुम्हारा,
सब लिखकर कुछ अधूरा छोड़ जाना;

जिस सवाल का जवाब जानने के लिये
मैंने 'मंजिल की ओर कदन' पढ़ी,
उसका वैसे का वैसा रह जाना।

इसमें मेरी गलती नहीं है,
कलम भी तुम्हारे रास्ते पर चली;
तूने सिखाया था खामोश रहकर सब
कह जाना।

दुनिया का नजरिया नहीं बदलेगा;
जिसमें किसी का नुकसान ना हो,
इस तरह का सदाचार हो जाना।

रुक्मिणी ने किया, राधा ने भी किया;
खुशियों को लौटकर आना ही होगा,
गोपियों वाला प्यार हो जाना।

स्वार्थ के रिश्ते मुश्किल हैं;
वह कृष्ण बनने चला है,
तू सुदामा जैसा यार हो जाना।

धरा प्यासी है सदियों से,
पवन! बदली को साथ लेकर,
किसी दिन इस पर खूब पानी बरसाना।

खुशी

एक लंबे वक्त बाद
वो उन गलियों में लौटा था,
जिनमें उसका बचपन गुजरा था;
जो उसे आज भी बच्चा समझती थी।
आज उसे यहाँ किसी ने नहीं पहचाना;
लोग उसे जानें,
यह वो खुद भी नहीं चाहता था;
कोई नहीं जानता था
इतने दिन वो कहाँ था।
तभी उसने देखा -
सलाखों के उस पार से
एक खूबसूरत सुनहरी चिड़िया
उसे एकटक निहार रही है;
उसने अपनी जेब में हाथ डाला,
उसके पास ज्यादा धन नहीं था;
शाम को वह सो नहीं सका,
नींद उससे कोसों दूर थी।
वह कुछ ढूँढ़ते हुए यहाँ आया था,
उसकी तलाश अधूरी थी।

भोर होने पर उसने देखा -
ढाबे के दूसरी तरफ एक पार्क था;
यह पार्क पहले खुला मैदान होता था;

यहाँ कुछ चेहरे जाने से लगे,
जो अब बुड्ढे हो चले थे।
उसका ध्यान एक पुराने चबूतरे पर गया;
यह वही चबूतरा था,
जिसपर माँ चुगा डालने आती थी;
माँ की अँगुली पकड़कर
वो भी यहाँ आता था।
एकाएक उसकी आँखें भीग गईं,
आँसू मोती बनकर गालों पर लुढ़क गये,
आज यहाँ कोई पक्षी नहीं था,
जाने कहां गये सब?
वे भी अब बड़े हो गये होंगे,
नया ठिकाना ढूँढ़ लिया होगा,
यहाँ का रास्ता भूल गये होंगे।

तभी उसके दिमाग में
एक विचार आया,
वह परेशान हो गया,
उसने खुद को
ऐसी उलझन में उलझा हुआ
कभी नहीं पाया;
बड़ी मशक्कत के बाद
उसने एक फैसला किया,
तुरंत ही उसका चेहरा खिल गया।
उसको देखकर साफ लग रहा था
उसने कोई दृढ़ निश्चय किया है,
न जाने क्या करने वाला था!

उत्सुकता से लोगों की नजरें
उसपर ठहर गईं,
वह सब तस्वीर मिटाने लगा
बस एक याद जिंदा रखी;
उसके पास माँ की आखिरी निशानी थी;
उसने सब कुछ खो दिया था,
यह संभाल कर रखी थी;
आज उसका बदला चिड़िया से हो गया।
उसने वो सुनहरी चिड़िया खरीद ली;
फिर आकाश को देखा,
कुछ अस्पष्ट शब्द कहे
और उसे कैद से आजाद कर देया।
मैंने पहली बार
रोती हुई आँखों में खुशी देखी।

अधूरी डायरी

दोस्तों को शिकायत है
अब कुछ नहीं सुनाता हूँ,
न कुछ सोच पाता हूँ,
न कुछ लिख पाता हूँ।

मैं भुलक्कड़ हो गया हूँ,
मेरी डायरी कुछ अधूरी सी है;
वह कलम, वह दवात
आज भी वही रखी है।

मैंने ही अनुमति दी थी
दिल को जो करना है करे,
तुम्हारे लिये ही तो
घड़ी पर रोक लगा रखी है।

मुझे यूँ बदनाम ना करो,
मैं नशेड़ी नहीं हूँ;
ये तेरा ही नशा है ,
जिसने मेरी शख्सियत ऐसी बना रखी है।

बहुत कुछ किया है,
भर जाये जगह तुम्हारी;
यह तुमसे ही भर पाएगी,
दिल ने शर्त लगा रखी है।

मैं भी नहीं चाहता दिल हार जाये,
साँसे साथ छोड़ती है, तो छोड़ जाये;
इसको जिताने के लिए
मैंने अपनी हर बाजी हार रखी है।

भूचाल तो आते रहेंगे जीवन में,
मैं पवन के ही साथ रहूँगा;
जिंदगी मैंने भी अपनी
दाँव पर लगा रखी है।

तूफान थमने के बाद
सब कुछ अच्छा होगा,
माँ की दुआओं ने
उम्मीद जगा रखी है।

और नहीं लिखा जायेगा!

मुसाफिर ही तो हैं हम सब,
चलना पड़ता है सबको;
मिलने की तो चाहत रहेगी,
वक्त मिलेगा कब किसको;
कुछ रिश्ते ऐसे बन जाते हैं,
निभाना होता है उनको।
यूँ चलते-चलते एक दिन,
मंजिल को पा जायेंगे;
कुछ लोग भुला दिये जायेंगे,
कुछ लोग ख्यालों में रह जायेंगे।
मगर वो एक चेहरा
याद बहुत मुझे आयेगा।
अब और नहीं लिखा जायेगा,
अब और नहीं लिखा जायेगा!

कुछ पल साथ आपके और गुजारूँ,
घड़ी कुछ देर यहीं रुक जाये!
वक्त यहाँ जो बीत गया,
मेरा आने वाला कल बन जाये;
दिल तो यही चाहेगा,
जो सोचा, कहाँ हो पाएगा!
इन यादों को मैं रख लूँ संभाल,
यह वक्त फिर नहीं आयेगा;
साथ गुजारे लम्हों को
और नहीं जिया जायेगा।
अब और नहीं लिखा जायेगा,
अब और नहीं लिखा जायेगा!

भूत

भूत भी कुछ होता है!
यह हमारा बुरा अनुभव होता है।

एक स्त्री सिर्फ इसलिए मार दी गई,
क्योंकि वह कमजोर थी।

मरकर कहाँ से आ जायेगी इतनी शक्ति,
जब जीते हुए ही असहाय थी।

संकट उस समय और बढ़ जाता है,
जब मेडिकल साइंस हार जाता है।

विज्ञान अभी विकास कर रहा है,
तेजी से उस दिशा में बढ़ रहा है।

कैसे मस्तिष्क के विकास की कहानी लिखी है,
इस समस्या को सुलझाने की आस जगी है।

मेरा कल बहुत दर्दनाक गुजरा है,
कहीं वह तो भूत नहीं बन गया है।

भूत वगैरह 'भ्रम' के नाम हैं,
ये साइकोलॉजिकल कमजोरी के परिणाम हैं।

कल सुबह भी होगी, अगर आज शाम है,
तांत्रिकों के लिये यह बुरा पैगाम है।

ये सब दिमाग के विकार होते हैं,
जिन्हें हम भूत समझते हैं।

प्रयत्न कर रहा हूँ इसका पर्दाफाश करने का,
उलझे सवालों को उलझाकर हल करने का।

एकांतवास

दुनिया की भीड़ के कोलाहल से
दूर जाकर लिखता हूँ,
पता नहीं ये बातें
तुझ तक पहुँच पाती हैं।

अच्छा लगता है यहाँ आकर,
यह जगह अपनी सी लगती है;
यहाँ कोई तो मुझे सुनता है,
हवा बहते-बहते रुक जाती है।

पक्षियों का कलरव धीमा हो जाता है,
वे मुझे घेरकर बैठ जाते हैं;
अदृश्य धड़कनें भी सुनाई देती हैं,
एक शांति सी छा जाती है।

जब भी यहाँ आता हूँ,
कुछ अलग ही नजारा होता है;
हर दिशा महकी-महकी लगती है,
शायद मेरे स्वागत की तैयारी की जाती है।

भाग्य साथ छोड़ता है, तो सब छीन जाता है;
अकेलापन भी जीवन में रोशनी लाता है
यह बात एकदम सही कही गई है,
कुछ चीजें बस महसूस की जा सकती हैं।

जीवन फिर से शुरू हुआ है,
कभी जो लगा था खत्म है।
प्रकृति की गोद में बैठा हूँ,
वह भी मुझसे बतलाना चाहती है।

कुदरत ने जो चाहा है, होकर रहा है!
इंसानों से चीजें टाली नहीं जाती हैं,
अब तो पहले जैसे मेघ भी नहीं बरसते;
नदियाँ अपने ही पानी से ऊब जाती हैं!

भीष्म-प्रतिज्ञा का महत्व क्या रह गया है?
छोटी-छोटी बात पर शपथ दिलाई जाती है!
कितनी कमजोर हो चुकी है रिश्तों की डोर,
उनके लिये भी कसमें खिलाई जाती हैं।

सब जगह पिछड़ते जा रहे हैं,
अच्छाई लगातार घटती जा रही है;
फिर किस बात की खुशी है,
अजीब लगता है, जब शहनाई बजाई जाती है।

यह षड्यन्त्र नहीं था, दीये की हार थी;

मुझे दुःख होता है, बुझी ज्योति दिखाई जाती है;
धैर्य रखो! बुझे दीप भी पवन से ही जलेंगे;
स्थिति हमेशा एक जैसी नहीं रहा करती है।

कई बार ठंडक का एहसास करवाएगी,
तो कई बार बदन को झुलसाएगी;
कई बार अपने साथ तूफान लाएगी,
ऋतु भी खुद को बदला करती है।

द्वंद्व तो हर जगह होता है,
बंद कमरों की बातें बाहर नहीं आती हैं;
अंतर्द्वंद्व उस वक्त खत्म हो जाता है,
जब चेतना साथ छोड़ जाती है।

लोग कहते हैं सनातन धर्म में
काल को गलत वर्गीकृत किया गया है,
यह कलयुग नहीं तो क्या है,
जिसमें हर चीज की हद पार हो जाती है।

कड़वी सच्चाई कोई सुनना नहीं चाहता,
हकीकत दिखाने वाले दर्पण तोड़ दिये जाते हैं;
यह कर पाना बड़ा मुश्किल हो गया है,
सत्यता अब रिश्ते खराब कर जाती है।

दिखावा इस कदर बढ़ गया है,
मुझे छोड़कर सब सुविधा-संपन्न हैं;
अंदर-ही-अंदर इतनी घुटन होती है,
दिल के थमने से मौत हो जाती है।

समाज को सुधारने की बात होती,
इसे करना कोई नहीं चाहता;
कानों वाले सुनना नहीं चाहते;
बहरों को कहानी सुनाई नहीं जाती है।

समस्या कहाँ से आ गई, अंबार लगा है;
दुःख-दर्द से बाजार सजा है;
अखबार तो वहीं आता है,
बस दिनांक बदल जाती है।

कितनी मजबूत होती है मोह-माया,
लोग बचते-बचते भी फँस जाते हैं;
इस जाल को काटते-काटते एक दिन,
कटार भी भोंटी हो जाती है।

प्रयास करता हूँ मन को शांत रखने का!
उस वादे का सम्मान रखने का!
ज्वालामुखी जब फटता है,
अपने आप ठंडक हो जाती है।

पढ़ी-सुनी बातें दिमाग पर असर नहीं करती
इस गलत को सही कैसे कहूँ
जब शामिल होता हूँ इस चर्चा में
अपने ही दोस्तों से बहस हो जाती हैं।

मतभेद तकरार में बदल जाते हैं
वाद विवाद अपनी सीमायें तोड़ देते हैं
ऐसे में चुप रहना ही ठीक है
यह समझदारी संघर्ष से बचाती है।

सच पूछो तो मुझे भी कुछ नहीं पता
मेरे अंदर भी बड़ी विवेक हीनता है
इस तरह की बातचीत राह को
अंधकार की ओर ले जाती है।

खुद को जानने-समझने वाले का
हालात कुछ नहीं बिगाड़ सकते
अच्छाई और बढ़ जाती है
जब गलती मान ली जाती है।

मेरे चेहरे को देखकर मजाक मत बना
मुश्किल सवाल का जवाब भी बड़ा होगा
थोड़ा समय जरुर लगता है
कठिन पहेलियां भी सुलझ जाती हैं।

आस्तिक बड़ा है या नास्तिक
गृहस्थ बड़ा है या सन्यासी
ये तो वक्त ही बताता है,
जब परीक्षा की घड़ी आती है।

विधाता को भी इम्तिहान देना पड़ा,
यह कर पाना आसान नहीं था।

प्रहलाद तो बच जाता है,
होलिका जल जाती है।

वह एक संयोग ही था,
जब किसी ने मुझे पुकारा,
सुनो! मुझे तुम्हें कुछ कहना है,
मेरी चाहत मरना नहीं चाहती है।

उसने अपना कल बताना शुरू किया
बचपना, आवारगी, दीवानगी, सब था!
कभी कितनी खुश थी वह,
फिर कहानी बड़ी दर्दनाक हो जाती है।

मैं एकदम शांत, चुपचाप, गंभीर,
बिना एक शब्द बोले उसे सुनता रहा
यह सोचकर, कि उसका ध्यान बँटा रहे!
इससे पीड़ा कुछ कम हो जाती है।

जिंदगी और मौत के बीच ठनी थी,
मैं उसके सामने खड़ा था!
दिमाग में बहुत कुछ चल रहा था,
अस्पताल में भी मौत आती है।

उसने मुझे सच इसलिए बताया
वह दुनिया छोड़ रही थी
उसने सुना था कहीं से
भारी दिल से रूह भटक जाती है।

कदम-कदम पर शोषण नहीं सहा जाता है
आत्मसम्मान मरे तो दिल भी मर जाता है
तूफान से डटकर मुकाबला करने वाली
ऐसे में अपना घोंसला ही छोड़ जाती है।

किसी को तो कुछ बता देना चाहिये
सब कुछ अंदर नहीं रखना चाहिये
दिल को पत्थर बना लेने से
इसकी दीवारें कमजोर हो जाती हैं।

जब कोई इस तरह जाता है
पीछे अनगिनत सवाल छोड़ जाता हैं
जिसके जवाब अनसुलझे रहते हैं
कई जिंदगियाँ दागदार हो जाती हैं।

अपने हक के लिये बोलना जरूरी है
ऐसी खामोशियाँ मजाक बन जाती हैं
हर जगह होती है हिंसा की बातें,
मौत के द्वारा भी दलाली दी जाती है।

रईस माली बाग को दहेज से सींचे,
दिल ना जुड़े, तो बगिया उजड़ जाती है।
महल वाले हँसते ही कहाँ हैं!
मैंने झोपड़ियों में खुशियाँ देखी हैं।

घमंड को तो एक दिन टूटना ही है,
फिर कुछ बचता भी नहीं;
सबकुछ तबाह हो जाता है,
सृष्टि अकसर हमें हदें समझा जाती है।

कभी कहा था मुझे फर्क नहीं पड़ता,
फिर वह शव पर सर पटक कर रोया -
कुछ भी करके इसे जिंदा कर दो!
विवेकहीन बुद्धि बड़ा नुकसान कर जाती है।

जब वक्त अपनी पर आता है,
राज सिंहासन तक डोल जाता है;
दिल के अंदर हो या बाहर,
खंडहर इमारतें रह जाती हैं।

न बाली को रहने दिया,
न रावण को रहने दिया,
भीष्म को अमर नहीं होने दिया,
काल से हर शक्ति हार जाती है।

वे क्या नहीं कर सकते थे,
काल ने उनको भी मजबूर कर दिया;
सुदर्शन वाली बाहों से भी
भिक्षा माँगनी पड़ जाती है।

जब लोग बोले इतनी परेशान है,
मर क्यों नहीं जाती;
ऐसी स्थिति में शरीर ही नहीं,
जिंदगी भी जिम्मेदारी हो जाती है।

जब मौत एक योद्धा को जीतती है,
जिसने आखिरी साँस तक संघर्ष किया हो;
तो उसे भी शर्मिंदा नहीं होना पड़ता,
कुछ जिंदगियाँ मौत से बड़ी हो जाती हैं।

शाश्वत सत्य को बदला नहीं जा सकता,
पता नहीं लोग इससे इतना क्यों डरते हैं?
यमदूतों का सामना भी साहस से किया जाये,
कायरों के प्रति सहानुभूति नहीं दिखाई जाती है।

ठहराव दलदल का रूप ले लेता है,
हर हाल में बहाव जरूरी है;
सुनसान छोड़ आये सफर के लिए
माँ उस आंगन में दीया जलाती है।

जिसकी लुकाछिपी में बचपन गुजार दिया,
वह चिड़िया नजर नहीं आती है;
कितना दौड़ते थे पकड़ने को,
वे तितलियाँ उड़ान कहाँ भर पाती हैं!

चिड़िया जानती है, बवंडर उड़ा देगा;
फिर भी वह घोंसला बनाती है;
दुःख में हम ही बदहवास हो जाते हैं,
आत्मा न रोती है, न चिल्लाती है।

मंजिल सामने खड़ी थी, पर हाथ नहीं फैला पाया;
वो यूँ मिल जाती, तो खैरात हो जाती!
उसकी अहमियत उसके जाने के बाद पता चली,
आसान चीजों की कदर कहाँ की जाती है!

मौसम को बदलना है, जरूर बदल जाये!
उम्मीदों का ठूँठ मेरे पास रह जाये!
पेड़ और पत्तों का साथ छूटने से
क्या हरियाली खत्म हो जाती है?

बनना, गिरना, फिर बिगड़ जाना;
यह तो उनकी दिनचर्या का हिस्सा हैं;
उन्हें पता है उनका अंत पुनर्जन्म है;
किनारों से टकराकर लहरें थक थोड़ी जाती हैं!

यह गलत है कि नदियाँ समाप्त हो जाती हैं,
वे समुंदर का हिस्सा हो जाती हैं!
सूरज के डूबने से रोशनी नहीं मरती,
बस अँधेरे की हुकूमत हो जाती है।

हर बार कमी वृक्ष में नहीं होती,
जिम्मेदारी का बोझ, डाल तोड़ देता है;
कोई संघर्षशील चिराग सामने आ जाये,

धीमा होना मेरी मजबूरी हो जाती है।

परिस्थितियाँ तेरे अनुकूल नहीं हैं,
तुझे बुझाने का इलजाम पवन पर आ जाये,
विश्वास की किरण! तुझसे लाखों उम्मीदें जुड़ी हैं
वे टूटेंगे नहीं, अगर तू संभल जाती है।

मैं हारा, तो कोई बात नहीं!
रुकूँगा, संभलूँगा, फिर चल पडूँगा!
माना, जो टूटता है बिखर जाता है;
टूटने से मजबूती भी आती है।

अच्छा वक्त क्या ही सिखा पाता है,
जिंदगी इतनी भी आसान नहीं है,
इसे हर कोई कहाँ समझ पाता है!
मुश्किल घड़ी बहुत कुछ सिखाती है!

परवाना सदियों से जलता आ रहा है,
ताकि शमा में आग बनी रहे;
इश्क में यूँ मिट जाने से
क्या मोहब्बत कम हो जाती है?

इसलिए लिखता हूँ, दिल बहल जाये;
चुप इसलिए हूँ, कुछ ख्याल आये।
मत पूछो योगदान समाज में मेरी खामोशी का,
जब भी कलम चलती है, अँधियारा भगाती है।

अडियल बनोगे, तो डिग जाओगे;
वक्त के साथ बदलाव जरूरी है;
कभी मेरे अंदर श्याम बसता था,
अब शख्सियत मेरी राम रहा करती है।

अपने पागलपन के खात्मे के लिए
मैंने क्या कुछ नहीं किया,
वह दौर कई बार फिर आना चाहता है,
मगर तू दवा सी असरदार हो जाती है।

तुझमें इतना खो जाता हूँ
कई बार जैसे सो जाता हूँ,
लोग समझते हैं नशा कर रखा है,
मेरी आँखों में तू उतर आती है।

जब ईलाज बेअसर हो गया था,
ये ही तरीका काम आया था;
मरीजों को तुम्हारे किस्से सुनाता हूँ,
सुनकर तुम्हें, उनकी तबीयत सुधर जाती है।

मेरी डायरी में जो लिखा है -
मैंने नहीं, मेरी निडरता ने लिखा है!
वह शिव सा सत्य व सीता सा पवित्र है,
ये कलम सच्चाई नहीं छुपाती है।

चाहूँगा तो भी, तुझसे क्या छुपा लूँगा,
तुम्हें सब पता है मेरे अंदर क्या है,
तुम चाहोगे तो चीरकर भी दिखा दूँगा,

छाती मेरी भी अब हनुमान सी होती जाती है।

मिट्टी का मिट्टी से मिलन नहीं टल सकता,
नभचरों की आखरी उड़ान जमीं पर आती है;
मैंने बड़े प्यार से सुनकर उनका अर्थ समझा है,
शांत लहरें आसमान छूते हुए जो गीत गाती हैं।

खूबसूरत बनाकर उसे खुद ढहा देती हैं,
यादें भँवर में मिट्टी का घर बनाती है;
पवन से भला कौन जुदा हो पाया हैं -
इतना कहकर अपने लिखे को ही मिटाती हैं।

मैंने इसकी वजह पूछनी चाही, तो चुप हो गई;
उनसे झूठ नहीं बोला गया,
दबाव डाला तो बहाना बना दिया,
हँसने से आँख भीग जाती है।

माँ का आंचल, नानी की गोद,
तुम्हारा साथ और हसीन लम्हे;
याद तो बहुत कुछ आता है,
फिर आँखों से बरसात हो जाती हैं।

विधाता से मिलने की कभी ख्वाहिश नहीं रही,
तेरे मिलन से उपासना सफल हो जाती है;
दिल करता है हरी चूनर ओढ़ने का,
सपनों की दुनिया संभाली नहीं जाती है।

तेरी यादें संगीतमय लय बजाती हैं,
तू सुदूर खड़ी कुछ गाती है;
जब भी इसे लिखने बैठता हूँ
मेरी मुलाकात परमात्मा से हो जाती है।

मैं तो अंदर तक मलिन था,
तुझसे मिलकर इतना निर्मल हुआ हूँ;
ऐसा नहीं है अब गंदा नहीं होता,
तेरी नसीहतें मेरी सफाई कर जाती हैं।

भटकाव जब अपनी ओर खींचता है,
तुझे सामने खड़ा पाता हूँ;
पतित बुद्धि को नई दिशा मिलती है,
तू गुनाहों से बचा जाती है।

पथ-प्रदर्शक मनमोहन सांवला हो,
या चाहे कोई राधा बावली हो,
ये अपने नजरिए का फर्क है,
वह कभी पथभ्रष्ट नहीं करती है।

नासमझ बहुत है दिल मेरा,
पर तेरा तो इशारा भी समझता है

डूब जाता है जब किसी में कोई,
तब जाकर यह कला आती है।

मैं अकेला नहीं हूँ, तेरा साया पास रहता है;
तेरा साथ ऐसे ही सही, सुकून तो देता है!
इससे बड़ी शीतलता मिलती है,
रेगिस्तानी मिट्टी पर हरियाली छा जाती है।

तू मुझे, मेरे से ज्यादा जानती थी;
तूने सही कहा था –
जब लिबास उतरेगा,
मेरी तलाश मेरे अंदर खत्म हो जायेगी।
बिना आईना सूरत नहीं देखी जाती है।

कैसे चुका पाऊँगा यह कर्ज,
अंधकार कितना भी गहरा हो
तू कल भी राह दिखाती थी,
तू आज भी राह दिखाती है।

यह सब करना नहीं छोड़ सकता,
फिर तो मुस्कुराना ही छोड़ दूँगा;
इन्हीं हरकतों की वजह से
मुझे पागल की संज्ञा दी जाती है।

जो कुछ खोया, उसका शोक नहीं किया;
बदले में जो मिला, वह एक पुनर्जन्म था;
प्रकृति को कितना प्यारा हूँ मैं,
मुझे देखकर उसकी बाहें खिल जाती हैं।

कितनी संकीर्ण थी मेरी मानसिकता
अब जाकर विकसित हुई है;
नियति जितना छीनती है,
उससे कहीं ज्यादा लौटा भी देतीहै।

पहले सिर्फ तुझसे था, अब प्रकृति से भी है;
दिल फिर से खुशहाल हुआ है,
भटकाव खत्म सा हो गया है;
मेरे प्यार की सीमायें बढ़ती ही जाती हैं।

पुनर्जन्म का रहस्य अभेद रहा है,
यहाँ बहुत कुछ अनसुलझा हैं;
उम्मीद है यह अँधियारा भी दूर होगा,
विज्ञान की दुनिया वहाँ तक नहीं जा पाती है।

शर्मीली बहुत है इसे जाहिर नहीं होने देती,
राहों में मिल जाती है इंतजार करती;
हमसे मिलने को उतावली;
कुदरत भी खुद को सजाती है।

तूने दिखाई थी, आज भी उसी राह पर हूँ;
मैं समय खराब नहीं कर रहा हूँ,

किसी मोड़ पर तुम मिल जाओ,
सुना है यह तुझ तक आती है।

फासले होने से रिश्ते नहीं मरते हैं,
निभाने वाले जन्मों तक निभा देते हैं;
यातना मीरा को दी जाती है,
हालत मोहन की खराब हो जाती है।

तुझसे मिलने मेरे साथ बहार भी आयेगी,
बड़ी उलझन है, तू अकेला बुलाती है;
खुद ही चल पड़ती है हवाओं के साथ,
फूलों से खुशबू चुराई नहीं जाती है।

मैं उतावला हूँ, तो उतावला सही!
दिल बावला है, तो बावला सही
मुसाफ़िर को सलाखें नहीं रोक पाती हैं,
कदम बढ़ते हैं तो बेड़ियाँ टूट जाती हैं।

तेरी मौजूदगी को महसूस कर लेता हूँ,
जब भी तू यहाँ आती है,
तुझे मालूम नहीं होगा -
तू इसका सबूत छोड़ जाती है।

एकांत में जाकर बैठ जाता हूँ,
ताकि तुझसे कुछ बात हो;
ध्यान तो निरंतर रहता है,
मुलाकात नहीं हो पाती है।

कोशिश करता हूँ, उलझता जाता हूँ;
तुम्हारा अस्तित्व रेत की तरह है,
मुझे आता देख इधर-उधर उड़ जाती है;
तुझे आवाज देता हूँ, आँखें खुल जाती हैं।

तू एक ऐसी कहानी हो गई है,
जिसे पूरी करने को जी रहा हूँ;
यह पूरी हुई तो मर जाऊँगा,
रूह भी तेरा हिस्सा होती जाती है।

हमेशा एक-दूसरे का सम्मान करते हैं,
मगर बात जब तेरी आती है;
स्थिति बड़ी विकट हो जाती है,
दिल और दिमाग में जंग छिड़ जाती है।

सोचा था अब तेरा जिक्र ना हो,
कुछ अलग लिखूँ, तुझे आराम मिले;
कमबख्त ये बारिश जब आती है,
मिट्टी तक में तेरी महक छोड़ जाती है।

पतझड़ आई है इसका स्वागत है
यह इशारा है अब बसंत भी आयेगा
इस सफर का अंजाम भव्य ही होगा
मेरे साथ चलकर राहें थक जाती हैं।

यूँ तो मैं हँसता बहुत हूँ;
कई बार मन बड़ा उदास हो जाता है,
मेरी चाहत थी दिल का हाल सुनाने की,
सुनती कहाँ है दुनिया, अपनी ही गाती है।

जब चंद्रमा को ग्रहण लगता है,
समंदर में ज्वार उठता है;
मगर फिर कुछ सोचकर,
तरंगें शांत हो जाती हैं।

मरने वालों कि मौत नहीं आती,
जीने की ख्वाहिश वाले मारे जाते हैं;
कितना भी तेज दौड़ो, वक्त हमेशा आगे रहता है;
यह बात वक्त के साथ ही समझ में आती है।

आजकल बड़ी कशमकश में हूँ,
अब तो माँ ने भी कह दिया -
देख! और इंतजार नहीं हो सकता,
तेरी शादी की उम्र निकली जाती है।

किसी से मिलकर, बात करने की
अब इच्छा ही नहीं होती;
न तुम हो, न नानी है!
वह जिम्मेदारी ये किताबें निभाती हैं।

कुछ अच्छा नहीं लगता,
फिर से वही लोरियाँ सुनता हूँ,
बचपन में जो नानी सुनाती थी!
इससे नींद आ जाती है।

किसी दिन तुम्हारे पास पहुँच ही जायेगी,
पुस्तक को संभाल कर रख लेना;
यह मेरे दिल के द्वारा
तुम्हारे लिये लिखी गई 'पाती' है!

दुनिया चाहे कुछ भी कहे,
मैं तो इसे तपस्या ही कहूँगा;
पागल लड़की अपने कान्हा की याद में,
आज भी बांसुरी बजाती है।

अधूरी कविता

बाहर देखा,
अंदर देखा,
हाथों की लकीरों में भी देखा;
दिल किसी की तलाश में
इस दुनिया से
बहुत दूर चला जाना चाहता है
मंजिल थी कहाँ मेरी?
मैं कहाँ जाना चाहता हूँ?
लिखना था क्या मुझे?
मैं क्या लिख रहा हूँ?
तुम बड़ी बदकिस्मत हो,
तुम्हारे अपनों ने
तुम्हारा यौवन तबाह कर दिया,
तुम्हारा बदन नोच दिया,
तुम्हारी खूबसूरती को छीन लिया,
तुम्हारी रूह को मार दिया,
तुम्हें कुछ कहना है, तो कह दो,
ऐसे तो दर्द बढ़ता ही जायेगा!
आँखें तुम्हारी भर आई हैं,
अश्कों को बहने दो,
मन हल्का हो जायेगा!
सिर्फ मैं ही ऐसा नहीं हूँ,
तुम्हारे हालात भी कुछ अच्छे नहीं हैं;
पहले तुम ऐसी नहीं थी,
फलती-फूलती आबाद थी!
जो अपनों से विरक्त हो जाता था,
वह तुम्हारा हो जाता था,
मैं भी तुम्हारे पास आकर,
कितना प्यार पाता था!
छोड़ करके घर अपना,
दिल में तेरे साथ रहे,
मैं तो यही चाहता हूँ,
पर ना तेरे हालात रहे!
गुमसुम सी रहती तू,
तेरे चेहरे पर वह बात कहाँ,
आज अश्कों को भी जगह नहीं,
कभी बसता था इनमें जहां,
आज दिल खुद मुझे यह बतलाता है,
वो प्यार बँटा हुआ नजर आता है।
मेरा मन कहता है -
इक रोज तुम्हें भी आजादी मिलेगी;
तुम भी इन बंधनों से आज़ाद होगी;
ये दीवारें जब गिरेंगी,
उस दिन फिर वही बात होगी।

मुझे आज तुम्हें कुछ बताना था;
खुद में छुपा कर रखा,
वह तुम्हें दिखाना था,
जो किसी का नहीं हो सका,

वह तुम्हारा दीवाना था;
मेरे अंदर सिर्फ तुम थी,
बाहर चाहे जमाना था।
यूं तो मिलता हूँ हजारों से,
कोई शख्सियत कहाँ तेरे जैसी है,
मैंने हर बार इन्हें अनसुना कर दिया,
धड़कनें तो यही कहती हैं।
बड़ी हिम्मत जुटानी पड़ी है
तुम्हें यह बताने को!
कहीं इसका मजाक न बन जाये,
आँखों से समंदर निकला है
ये सब मिटाने को।
गुलाब छूने की चाहत में
जख्मी भी हुआ मैं,
छूते ही खुशबू मुझमें समा गयी थी,
अपनी मस्ती में बह रहा हूँ मैं।
बरगद के नीचे बैठा
मैं तुम्हारे बारे में सोचता था,
तुम्हारे हालात देखकर,
तुम्हें सुबकता पाकर,
अपने अंदर उठने वाले बवंडर को
बड़ी मुश्किल से रोकता था।
जमाने से कोई ना बच सका,
भगवान को भी कष्ट भोगना पड़ा,
राम को वनवास मिला,
श्याम का जन्म जेल में हुआ,
सीता को अग्नि परीक्षा देनी पड़ी,
मीरा को जहर पीना पड़ा,
मुरलीधर को मुरली तोड़नी पड़ी,
नारायण को स्त्री रूप धरना पड़ा,
पार्वती सती हो गई,
होलिका को आग में जलना पड़ा,
महादेव को गुफा में छुपना पड़ा,
राजा बलि को पाताल लोक जाना पड़ा,
हनुमान को सीना चीर दिखाना पड़ा।
मेरे ख्वाब, चाहत, सपने
सब तुझमें आकर समायेंगे;
अपने आँसुओं की कदर करो,
इन्हें इतना भी सस्ता मत समझो!
सुदामा के पैर धोने के काम आयेंगे।
वह दिन कब आयेगा,
जब अबला, सबला होगी?
अपनी खुद की रक्षा के लिये
तू कब तैयार होगी?

मेरे साथ भीड़ हो;
दिल एकदम खाली हो;
ऐसा मैं नहीं चाहता था;
इसलिए आज भी अकेला हूँ।
अब तुम ये मत कहना -
इस अकेलेपन को दूर करने का उपाय है!
मेरे पास इतना वक्त नहीं है,

मैं फिर से तुम्हारे पास आकर बैठूँ;
मैंने जब भी झूठ बोला है,
तुमने पकड़ लिया है!
मैं तुम्हें सच कैसे बताऊँ,
मुझमें हिम्मत ही नहीं है!
अब वहाँ आने का मन नहीं करता,
वह मनोहर दृश्य नहीं रहा,
बरगद बुड्ढा हो गया,
वो बच्चा बड़ा हो गया;
इन सब के लिये उतरदायी तालाब,
तुम्हारा दुःख देखकर सूख गया
पहले वो मुझसे रूठी थी,
फिर मैं उससे रूठ गया;
कितना अहंकारी था मैं,
अपना अच्छा-बुरा ही भूल गया;
उसका साथ क्या छूटा,
मैं तुझसे भी दूर हो गया;
ये होना जरूरी था,
मेरा घमंड आखिर टूट गया।
थोड़ा सुकून जरूर है,
इसका कभी तमाशा नहीं हुआ;
मतभेद अपनी जगह थे,
पर कभी कोई वादा नहीं टूटा;
दिल मुझसे बड़ा खपा था,
पर उससे कभी नहीं रूठा।
आँखों में जो ख्वाब था,
वह आँसुओं के संग बह गया;
अब इतना आगे आ गया,
वह रास्ता पीछे रह गया।
बगैर हमसफर के अकेला हो चला,
जिंदगी रंगीन बहुत थी,
पर खुशनसीब न थी;
मैंने अकेले भी खूब दीये जलाये,
रोशनी तो हुई, मगर चाँदनी न थी;
चाँद तारे तो हम भी तोड़ लाते,
आसमां को बदसूरत बनाने की चाह न थी।
उसे खोजना बड़ा मुश्किल है;
न वह मंदिर में मिलता है,
न श्मशान में मिलता है;
ठिकाना जिसका दिल में मिलता है।
मैं तुम्हारे पास आना चाहूँ,
तुम्हें कुछ बताना चाहूँ,
मुझे आया देख
मेरे स्वागत के लिए,
बसंती बहार लिये खड़ी होगी;
मेरी बातें पहले की तरह
क्या तू फिर से सुनेगी?

जमीन से कितना ऊँचा था;
घर भी उसके सामने नीचा था;
खुद चिलचिलाती धूप सहता था,
सभी को ठंडी छाँव देता था।

ये अलग बात है
उससे मेरा बचपन जुड़ा था;
वह मेरी प्रेरणा था,
मुझे उसी के जैसा होना था।
तुम्हारी खुद की पीर इतनी है,
मैं तुम्हें अपनी क्या बताऊँ;
मेरा सबकुछ बाँट दिया गया;
घर के आँगन में खड़े
नीम के पेड़ को भी
काट दिया गया।
ये सब सुनकर
तुम और उदास मत हो जाना
मैंने इसी वजह से
किसी को कुछ बताना छोड़ रखा है
ऐसा नहीं है मैं कहीं खो जाऊँगा
गिर गया था तो क्या हुआ?
लो फिर खड़ा हो गया
दुनिया ने गलत सोचा था
इतने गम में हूँ कि अब मर जाऊँगा।
मैं ज़िंदगी का भी एहसानमंद हूँ
इसने मुझे कितने ही सबक सिखाये
मुझे कहाँ से लाकर कहाँ खड़ा कर दिया
मैंने भी इसके विश्वास को टूटने नहीं दिया
जब कोई आस ही नहीं लग रही थी
मैंने उस वक्त जी कर दिखा दिया।

जो दिल किया मैंने लिख दिया
तुम सोचो माप का या तोल का
मेरा भी मन करता है
हर संबंध, दीवार, गतिरोध तोड़कर
पंछियों की तरह
आजाद फिजाओं में उड़ने का।
मुझे तो गये हुए अरसा हो गया है
सुना है वहाँ भी शांति नहीं है,
ये वेदना और न बढ़ जाये;
तुम जरा ध्यान रखना
कुएं पर खड़ा पीपल न गिर जाये
पीड़ा उसी को पता होती है,
जो उसे झेलता है;
अकेले रहने का
इस कदर आदी हो गया हूँ,
घर की ओर कदम
बड़ी मुश्किल से बढ़ते हैं।
ननिहाल तो मेरी बाट ही देखता है,
ऐसे में कहाँ अपनी मुलाकात होगी।

तुम भी यही चाहती थी
मुझे मंजिल मिल जाये,
दोनों गले में डाले बाहें,
एक हो जायें;
स्वर्ग में बैठे देव भी
इस खुशी में आशीर्वाद बरसायें;
फिर साथ सभी मिलकर के

प्यारा सा एक घर बनायें!
ये हो नहीं पाया!
वह वक्त ही नहीं आया!
सभी ने मुझे इसका जिम्मेदार माना!
तुम्हें तो सब पता है,
अब किसी और को क्या बताना!
मैं उसे भी क्या दोष दूँ?
वो भी एकदम वीरान सी है!
मैंने देखा था उसके दिल में,
जो मूर्त है, वह घनश्याम की है!
दिल हीरा था, कोई जान ही नहीं पाया,
उसे तो कम-से-कम जौहरी होना था!
मेरी इच्छा नहीं थी डायरी लिखने की,
ये खुद को सँभालने का एक जरिया था!
मैंने कोशिश बहुत की है, मगर क्या करूँ;
ये दिल कहीं लगा ही नहीं,
इसका कुछ हिस्सा तेरे पास रह गया था।
कुछ ऐसा चमत्कार हो जाये;
ये बड़ा ही कष्टदायक है,
तेरा बुढ़ापा तेरी जवानी हो जाये,
देवी सरस्वती की अनुकंपा हो!
ब्रह्माजी मेहरबान हो जायें,
इसे फिर से लिखने का मौका मिले
जीवन मधुर कहानी हो जाये!
मैं फिर से छोटा बच्चा बन जाऊँ,

कोई महिला मेरी नानी हो जाये;
वो तो आसमान से उतर नहीं सकती,
मेरे जीवन में ही रवानी हो जाये!
इसपर अनुसंधान तो बहुत हुआ,
कोई सही बता नहीं पाया;
जब इसका जवाब होगा,
मेरी उलझन दूर होगी,
फिर तो कोई मुझे नहीं रोकेगा!
फिर तो कोई बंदिश नहीं होगी
फिर तो मैं बह सकूँगा ना?
फिर तो ये बात दिल के उस पार होगी!

मनमोहन तू भी कमाल का था,
तुझे दुनिया ने कितना सताया था;
तेरी भी कितनी मजबूरियाँ रही होंगी,
तेरे सामने भी मुसीबतें आई होंगी;
तूने कभी तो खुद को
हारा हुआ पाया होगा,
तेरे दिल में भी
कभी तो विनाश का विचार आया होगा;
मुझे बस इतना बता -
तूने यह सब कैसे किया?
तू राधा, रुक्मिणी, मीरा
तीनों का हो गया!
ना किसी का वादा टूट पाये,
ना किसी की आँखें भीग पायें,

ना कोई इस तरह बिछड़े,
ना यादें ताउम्र सतायें;
किसी भी मोड़ पर कोई रुख़सत हो,
हर कहानी का अंत सुखद हो।
बेवफा मौसम वफ़ा करने लगे,
बसंत का आवागमन हो
तुम्हारी खुशियां लौट आयें
सब कुछ पहले जैसा हो।
यहाँ रंग है, रौनक है, चमक है;
वह हरियाली नहीं, जो मैं चाहता हूँ;
दिल सरहदों पार घूमना चाहता है,
मैं खुद को दीवारों में कैद पाता हूँ।
खुशहाली के साथ
सुकून का निवास होता,
मेरा दिल प्यार से भरा होता।
धीरे-धीरे दिमाग साथ छोड़ रहा है,
फिर भी खुद को संभाल रखा है;
दिल के साथ अनहोनी ना हो,
यही डर रहता है।
ये पागलपन मुझ पर हावी न हो जाये,
खुद के द्वारा खुद को
कोई सजा न दे दी जाये,
अंदर दफन ज्वालामुखी में
विस्फोट चाहता हूँ,
तूफान के साथ शांति भी आती है
मन के अंतःकरण पर,
किसी दिन वह बरसात होगी।

तुमने ही कहा था -
जीवन लेने से पहले
जीवन देना सीखो!
ये शुरुआत उसी दिन से हुई थी!
जिंदगी बेशक हारे,
मगर लड़े तो सही।
कई बार जिंदगी हारी भी,
मैंने सबकुछ किया,
फिर भी मौत ने हरा दिया।
धीरे-धीरे मेहनत रंग दिखाने लगी,
मुर्दा शरीर में भी जान आने लगी।
अब तक कितनी ही बार
मौत से मेरा झगड़ा हो चुका है,
कितनी ही बार उसे हरा चुका हूँ,
वह मुझसे पूछती है -
मेरे रास्ते में क्यों आ रहे हो?
अपने बीच कोई अदावत भी नहीं है,
फिर मुझसे दुश्मनी क्यों निभा रहे हो?
अब तो वह सब समझने लगी है,
खुद ही मुझसे कहने लगी है -
इतना सब तू अकेला नहीं कर सकता,
तेरे अंदर कोई और है!
ये सब तो बहाना है,
बात कुछ और है!
उसने देख लेने की धमकी दी है

मुझे इसके परिणाम भुगतने होंगे!
लेकिन वह मुझे डरा नहीं सकी,
सफर अपने पड़ाव पर ही रुकेगा!
अब सीने पर जख्म होंगे,
और पाँव में छाले होंगे।
खुशी इस बात की है
जो तुमने कहा था,
वह अब तक करता आ रहा हूँ!
लेकिन थोड़ा दुःख भी है,
मैं कहीं खोता जा रहा हूँ!
अपनों के इलजाम गलत नहीं हैं,
कुछ ऐसा ही होता जा रहा हूँ।
तुम यकीन करो या न करो,
मैंने वादा निभाया है!
जैसा तुमने चाहा था,
मैंने आखरी परिंदे को भी
उसकी कैद से आजाद करवाया है!
इसके लिये आराम तक नहीं किया;
वक्त मुट्ठी में बंद रेत-सा फिसल गया;
पता ही नहीं चला,
बचपन कब गुजर गया!
अब आकर थकने लगा हूँ,
आराम का वास ढूँढ़ने लगा हूँ,
कभी तो वह शाम होगी,
जब मुझे दायित्व से मुक्ति मिलेगी;
जब मेरी आँख बंद होगी;
जब तू मुझे बुलाएगी;
जब मैं तेरे पास आऊँगा!
जब अपनी मुलाकात होगी,
जब तेरी गोद में सोने का मौका मिलेगा,
वह भी बड़ी हसीन रात होगी।

कोई कैसे कह सकता है?
ऐसा नहीं हुआ होगा,
समंदर से कभी तो दरिया भी रूठा होगा
ये कहानी इसलिए सामने नहीं आ सकी,
मैं अकेला शोक कैसे मनाता?
दिल तो उसका भी टूटा होगा,
उसके चेहरे पर गुस्सा और दुःख दोनों थे,
उससे भी कोई मीत बिछड़ा होगा
उसकी धड़कनें भी बड़ी बेसुध थीं,
उसने भी अपना कुछ तो खोया होगा
उसके आँसू गिरे होंगे जिस जमीन पर,
वहाँ पक्का एक खूबसूरत बगीचा होगा
वह भी तो आज तक नहीं खुल सकी,
उसके अंदर भी
कितना गम सोया होगा।
काश किसी दिन पवन का ठहराव
फिर से तुम्हारे पास हो,
बिछड़े मुसाफिर फिर एक साथ हों;
वह महफिल फिर जमे,
फिर राग मल्हार हो,

अपनी डायरी की धूल झाड़कर,
तुम्हारे बारे में भी कुछ लिखूँ।
सुलझकर ना सुलझ पाई,
वह पजल रह गई।
पूरी ना कर पाया मैं,
तू अधूरी गजल रह गई;
अंबर भी जुदा है,
चाँद-तारे कहीं खो गये;
वक्त ऐसा आया,
बादल भी मुझसे दूर हो गये।
आशा ने कहा –
अभिलाषा कर ली जाये!
उसको भी नहीं पता था,
दिल को कैसे दिलासा दी जाये।
सपने साकार तो होंगे,
पहले उनकी रक्षा की जाये;
सफलता में जीवन बड़ा आसान है,
हारकर कैसे जिया जाये,
इसकी भी शिक्षा दी जाये!
तेरी दुनिया से गुमनाम हो चुका हूँ,
अब कोई नई पहचान न दी जाये;
बस इतनी सी गुजारिश है -
गिरने वालों को भी
खड़े होकर संभलने का,
धूल को झाड़ने का,
जख्मों पर मरहम लगाने का,

दर्द को बाँटने का
मौका दिया जाये!
वक्त आगे बढ़े, अच्छी बात है!
फासला भी तो बढ़ता जा रहा है!
बंद कमरे में गूँजती सिसकियाँ बताती हैं
जीवन कितना तन्हा होता जा रहा है;
खुदकुशी के मामले बढ़ते जा रहे हैं,
कोमल कोपलों को मसला जा रहा है।
यह सब चलता रहा,
तो कल बड़ा भयानक होगा!
कोशिश करके देखते हैं,
इसका भी कुछ हल होगा!
बाहर से कौन आयेगा?
हमारे द्वारा ही नई शुरुआत होगी!
जीवन में कितना भी बुरा दौर आये,
बदलाव की उम्मीद हमेशा हो;
चाहे कोई काल कोठरी में रहे,
किसी को उजाले से नफरत ना हो!
इसे कभी इस लायक नहीं समझा,
ये कलम एक दिन वरदान होगी;
अधूरी कहानी को पूरा कर देता हूँ,
ये चाहत मेरी आखिरी शाम होगी!

बेशक दिल में दूर कहीं से
बंसी की धुन आती हो,
वो अदृश्य होकर यहाँ
परिक्रमा करके जाती हो,

उसके कदमों की आहट महसूस की है
उसको लगता है ध्यान नहीं देता हूँ।
मैं उसे सुन ही नहीं सकता,
समझ भी सकता हूँ!
तुम्हें क्या लगता है?
ये राह इतनी आसान होगी?
मेरा वापस लौट पाना मुश्किल है,
हर आँख मुझसे अनजान होगी।
पहाड़, झरने, समीर, बरखा, बगिया,
इनको तो छोड़ो,
अब तो कलियाँ भी मुझे
कहाँ पहचानती होंगी!
राही भूल गये राहों के ठिकाने,
मंजिल के दरवाजे तो खुले रहे;
मधु, महक, सुमन, पवन सभी थे,
बस तुम नहीं थे!
जब भी यहाँ बरसात हुई,
घनश्याम तुम्हें याद कर बरसते रहे;
तुम्हें क्या मालूम जुदाई का गम,
उजड़े घोंसले भी
परिंदे का इंतजार करते रहे!
संभाल कर रखो अपने रिश्तों को,
उड़ानों को मंजिल मिल जाती है;
बिछड़ो से मुलाकात हो जाती है,
घोंसला छोड़ने वाले फिर नहीं लौटते।
जिन सितारों को वह तोड़ना चाहती थी

आज मेरे पास ही रहते हैं।
मेरे इशारों पर दौड़ने वाले
बादल मुझसे नाराज रहते हैं;
इससे फर्क नहीं पड़ता,
सपनों की दुनिया में
आज हर कोई परेशान है।
मैंने वह हँसी भी देखी है,
उसके पीछे उदासी के निशान हैं।
वन कितने भयानक, कितने सुनसान,
ये डरावने भी कितने हैं;
इनसे खौफ नहीं खाता हूँ,
यही तो वह जगह है
जहाँ प्राण वायु मिलती है खूब सारी!
जब भी दम घुटता है,
साथ लेने पवन का
यहाँ चला आता हूँ,
हर पल कूकने वाली मौन है,
कोयल भी परेशान होगी!
हवा के झोंके मुझे महसूस कराते हैं,
वो आज भी कितनी नादान होगी!

मुझे बेवजह परेशान किया जाता है
कुछ प्रश्नों को बार-बार दोहराकर,
जिनका मेरे पास कोई उत्तर नहीं है;
लहरें भी स्वाधीन होना चाहती हैं,
लेकिन यह संभव नहीं है;
मेरे दिल के किनारे

बालू-रेत से नहीं बने हैं।
मुझे उकसाने की कोशिश की जाती है
दिमाग को असलियत बताई जाती है;
चिल्लाने का मन करता है,
शांत रहता हूँ;
जब गुस्सा आता है
खुद को डाँट देता हूँ।
अब उतना मूड स्विंग नहीं होता है,
न किसी से लड़ता-झगड़ता हूँ;
जब भी कुछ लिखता हूँ
कलम उसका एहसास करवाती है;
इतना परेशान हो गया हूँ
सोचता हूँ ये सब छोड़ दूँ।
मैं भी तो मजबूर हूँ,
कुछ कर नहीं सकता।
वो तो इस शोर से दूर
एकांत में बेनाम रहना चाहती है,
जिसकी दी हुई रोशनी से
जिंदगी अपना मार्ग खोजती है।
मुझे किसी ने टोक दिया,
यह कहकर रोक दिया -
इस खामोशी को इनकार ही समझो!
यहाँ तक तो ठीक है,
अब और आगे मत बढ़ो!
मेरा अस्तित्व मुझमें ही समाया है,
बादल छँट जायेंगे,

पवन को चलने दो!
कंटीले पौधे से जख्म का डर है,
किसी दिन इस पर गुलाब खिला होगा!
कभी शाम के बाद भी भोर होगी,
दिनकर और निशा का मिलन होगा!
काली रातें लंबी हैं, अनंत नहीं,
इंतजार कर रहा हूँ –
सवेरा होगा!
ये बात जानकर तुम्हें खुशी होगी
मुझे उम्मीद बहुत है,
तुम्हारी घनघोर उदासी दूर होगी;
सालों बाद दिल ने कुछ चाहा है,
सालों बाद कुछ नया करना चाहता हू।
मैं तुम्हारे पास नहीं आ सका,
इसका संदेशा भी नहीं भिजवा सका,
इसके लिये मुझे माफ करना!
हाँ! ये सच है -
मैं फिर से जीना चाहता हूँ!
तुम ये पैगाम सभी को दे देना,
खामोशी उत्साह के मारे चीख पड़ेगी!
मुरझाई बगिया फिर खिल उठेंगी!
मेरी बातों में कोई छलावा नहीं है,
ये बात एक दिन सच साबित होगी।

अब कोई समझता ही नहीं है,
तू तो सब समझती थी!
मैं कुछ बताता भी नहीं था,

तुम्हें हर बात पता होती थी!
रूठता, तो मनाने को
घंटों जतन करती थी;
खाना ठंडा हो जाता,
उसे फिर से गर्म करती थी!
होटलों का खाना खाकर
अब ऊब-सा गया हूँ;
वो खाटे की सब्जी,
वो चूल्हे की रोटी
फिर से खाना चाहता हूँ।
खेलते-खेलते
जमीन-छत, बाहर-भीतर
कहीं भी सो जाता था;
आँखें हमेशा बिस्तर पर खुलती थीं,
वह चमत्कार फिर से देखना चाहता हूँ!
तुम्हारा आशीर्वाद
मुझे यहाँ तक ले आया,
मैं तो आज भी वही पत्थर हूँ;
मैं कहाँ तराशा गया हूँ
मुझे गोद में सुलाना!
अँगुली पकड़कर चलाना!
मेरी जुल्फें सजाना!
दुनिया की नजर से बचाना!
माथे पर काला टीका लगाना!
जैसे-जैसे समझदार होता गया,
तुझसे दूर होता गया!

यह सारी समझदारी भूलकर
नादान होना चाहता हूँ;
यह बात पहले ही कहनी चाहिये थी,
मुझे देर नहीं करनी चाहिये थी!
बचपन तो लावारिस हो गया,
मुझे जवानी की कदर करनी चाहिये थी;
किसी को कोई नहीं हरा पाया,
लोगों ने लड़ना ही नहीं चाहा;
जब भी कोई हारा है,
उसकी खुद की वजह थी;
रूह कभी एहसान फरामोश न थी।
मैंने अब जाकर ये अनुभव पाया है,
बुरे हालातों ने जीना सिखाया है।
एक बार और दिल से
सच्चा होना चाहता हूँ!
माँ! मैं फिर से बच्चा होना चाहता हूँ!
मुझे इसकी अनुमति तो होगी?
मैं जानता हूँ
यह अमूल्य है!
इसके जैसा कोई नहीं!
यह चीज बहुमूल्य है!
फिर भी पूछना चाहूँगा -
इसके लिये क्या कीमत अदा करनी होगी?

भ्रमित करने को मुझे
मरीचिका का जन्म होगा,

मगर दिल गुमराह नहीं होगा।
यह गलत है कि मैं डर गया हूँ
इसलिए ऐसा हो गया हूँ
जो हमेशा रहता है दिल में,
अब उसके लिए
अलग से वक्त क्या निकालूँगा!
मैं चाहे कहीं जाऊँ या न जाऊँ,
ये राहें तो वहीं जायेंगी,
इनका साथ निभाऊँगा
तो भी मंजिल पर पहुँच जाऊँगा।
दिल ने मेरा कितना बोझ उठाया,
मैं इसका धन्यवाद तक नहीं कर पाया;
ये साथ ना देता, तो मेरा क्या होता;
गहराई में गिर गया था,
शायद ही खड़ा होता!
मौत बन जाती जिंदगी मेरी,
मैं सफर में उसके होता!
अब तो खुद ही बनाता हूँ रैन-बसेरे,
इसने ही मुझको दिखाए सवेरे;
अब जैसा हूँ, वैसा रहने दो;
जमाना कुछ तो कहेगा,
चाहे कुछ भी कर लो!
ये विक्षिप्त मानसिकता ही तो है
बस इसे मनोरोग नहीं कहा जाता।
मुझे गलत मान लिया गया है
तो गलत ही सही है,

किसी को सच्चाई बताने की
कोई जरूरत नहीं है!
जब अपना सही वक्त होगा,
तब अपनी भी सही बात होगी।

बहुत भटकने के बाद
राह दिखाई देने लगी है,
इधर-उधर से हटकर
नजरें अब उसी पर टिकी हैं।
खुद को खत्म करके
तुमने सबको जीवनदान दिया;
अब वह सारी वसुंधरा तुम्हारी होगी
मेरी जितनी भी जिंदगी बची है।
खैर, इन सब बातों को छोड़ो;
तेरी छाँव में बैठकर
एक आखिरी गुफ्तगू करना चाहता हूँ;
वो तो आज भी इसके इंतजार में होगी,
मुझसे मिलने को तू तरसता रहा,
मेरे आने की कोई उम्मीद नहीं थी;
फिर भी मेरी राह देखता रहा;
तुम्हारी नाराजगी जायज है,
तुम जो सजा दोगे, मुझे मंजूर होगी;
अब इस सूखे को खत्म करो,
सब फिर से हरा-भरा करो!
बदरा अब बरस जाना,
बदली खुद तुम्हारे पास आ रही है;
पवन तुम थोड़ा रहम खाना,

तेरा दिल भी उतावला हो रखा है!
तालाब तू भी छलक जाना।
किसी के उदास चेहरे से
तुम्हें कौन-सी खुशी होगी?
जब नये सफर पर निकलेंगे,
ये रिश्ते यही रह जायेंगे;
फिर कोई साथ चलना भी चाहेगा
तो भी यह संभव नहीं हो पायेगा।
हवाओं की रफ्तार इतनी तेज होगी
राह में न कोई दीप जला होगा,
न कोई मोमबत्ती जली होगी।
जहाँ एक तरफ विराजमान हनुनान हैं,
तो दूसरी तरफ श्मशान है;
इससे अच्छी जगह और कहाँ होगी!
इस मिट्टी ने इतना संभाला है,
ये मिट्टी हर उलझन का समाधान होगी;
वक्त के थपेड़ों से नष्ट हो रहा है,
तेरी मजबूती ही तेरी पहचान होगी।
ऐ वट! तू खुद को बचाए रखना,
मेरी रूह एक दिन तेरे पास होगी।

सोने की चिड़िया फुर्र!

कहने को तो आज भी है
देश अपना कृषि प्रधान;
बेमौसम जब गिरते ओले
मरते सैकड़ों यहाँ किसान।

आखिरी साँस तक मेहनत करता
फिर भी वह दर्द में मरता;
भूमिपुत्र जब जहर गटकता,
धरती माँ का आंचल फटता।

बस्ती में घूमते भेड़िये,
वासना उनकी ना पूर्ण होती;
नोचते वे बोटी-बोटी,
देख उन्हें भारत माँ रोती।

करने अपने कर्म को
नहीं उठायें कष्ट;
बुन लिया था ताना-बाना,
शासन हुआ भ्रष्ट।

चेहरे बदलते रहते हैं,
किरदार वहीं रहता बरकरार;
अपने को अवतार बताने वाले
चरित्र से होते कंगाल।

खाने वाले ना लेते डकार,
ना आती कभी इनको खाँसी;
विद्रोहियों को होती,
देशद्रोहियों को नहीं होती फाँसी।

गुणवत्ता को जाँचने का
नहीं रहा आधार;
इंटरव्यू ने बाहर किया
हमको कितनी बार!

नेकी से होता समझौता,
हमें होने लगता खुद पर डाउट;
आरपीएससी का चेयरमैन
जब करवाता पेपर आउट।

मेडिकल को देते दोष,
पेस्टिसाइड्स तक नहीं कर सके बैन;
प्रौद्योगिकी का नतीजा,
देखी है मैंने कैंसर ट्रेन।

कैसे तैयार होंगे होनहार,
शिक्षक भर्ती में भी होता फर्जीवाड़ा;
जेएनयू तो उदाहरण है -
शिक्षा के मंदिर बनते अखाड़ा!

देख भूख से तड़पते बच्चे,
सोचने को हुआ मजबूर -
सोने की वह चिड़िया,
कहाँ हो गई फुर्र?

राणा प्रताप

सनातन धर्म दम तोड़ रहा था
चलते-चलते राहों में;
माँ-बेटी की बोली लगती,
बीच-बाजार, चौराहों पे।

बाहरी आक्रांताओं के आगे
पूरा भारत बौना था;
शासन, सत्ता, राजकाज,
उनका बना खिलौना था।

जब अश्रुधारा बहती थी
भारत माँ की आँखों से;
उस वक्त राणा प्रताप, बैठे
अपने राजसिंहासन पे।

राणा ने अधर्मी नीति का विरोध किया,
तो युद्ध के नगाड़े बज उठे;
मातृभूमि को आजाद करवाने,
रणबांकुरे हुए खड़े।

गुलामों और कायरों को
राणा अपने पक्ष में ना कर पाया;
दुश्मन सेना से लड़ने को,
सीमित संसाधन जुटा पाया।

मुट्ठी भर प्रतापी सेना
दुश्मनों से भिड़ गई;
हथियार भी नहीं थे अच्छे,
चट्टान बनकर अड़ गई।

इतना खून गिरा भूमि पर,
लहूधारा बह चली, बनकर नदी;
एक-एक योद्धा ने माँ काली को
दी अनगिनत नरमुंडों की बलि।

साहस की गाथाओं का
शिखर पीछे छूट गया;
जब राणा प्रताप का चेतक
अवरोधक नाला कूद गया।

एक बेजुबान को पकड़ने को
चक्रव्यूह था गया रचा;
हल्दीघाटी ने देखा वह सब,
इतिहास जिसका गवाह बना।

गाथायें तो खूब सुनी थीं,
अमर कर गये अपना नाम;
राणा की रक्षा की खातिर,
शहीद हो गये झालामान।

वीरों की बहादुरी देख,
खिलखिला उठी मरुधरा;
कण-कण पावन हो गया ,
जब स्वाभिमानी लहू गिरा।

राणा प्रताप वह योद्धा थे,

जिन्होंने हारकर युद्ध जीता था;

परतंत्र मातृभूमि को जिसने,

अपने जज्बातों से सींचा था।

आजादी की खातिर

आजादी की खातिर ही

हाड़ी रानी ने खुद की गर्दन काटी थी।

आजादी की खातिर ही

रानी कर्णावती युद्ध भूमि में जाती थी।

आजादी की खातिर ही

रानी लक्ष्मीबाई बनी मर्दानी थी।

आजादी की खातिर ही

राणा प्रताप ने घास की रोटी खाई थी।

आजादी की खातिर ही

आजाद ने खुद को गोली मारी थी।

आजादी की खातिर ही

नेताजी ने मातृभूमि त्यागी थी।

आजादी की खातिर ही

कान्हड़देव ने धारण किया

केसरिया बाना।

आजादी की खातिर ही

हठी हुए हमीर राणा।

आजादी की खातिर ही
सांगा के सेनापति बने हसन खां मेवाती।

आजादी की खातिर ही
हकीम खां सूरी हुए जज्बाती।

आजादी की खातिर ही
राणा सांगा हुए लंगड़ा, लूला, काना थे।

आजादी की खातिर ही
न जाने कितने जौहर हुए।

आजादी की खातिर ही
आँखों के सामने कट गया बेटा,
माँ पन्ना 'आह' तक ना कर पाई।

आजादी की खातिर ही
गोलियों से छलनी हुई काली ब ई।

आजादी की खातिर ही
विवाह जैसा आयोजन छोड़
हरि सिंह नलवा ने लड़ी लड़ाई।

आजादी की खातिर ही
तात्या टोपे ने तलवार उठाई।

आजादी की खातिर ही
गुरु गोविंद सिंह ने
खपा दिया पूरा परिवार।

आजादी की खातिर ही
जीवनभर संघर्षमय रहे राजा क्षत्रसाल।

आजादी की खातिर ही
नायक बने खलनायक थे।

आजादी की खातिर ही
क्रांतिकारियों ने सरकारी खजाने लूटे थे।

आजादी की खातिर ही
शहीद हुए जो बहुमूल्य थे।

आजादी की खातिर ही
कच्ची उम्र में हँसकर फाँसी झूले वीर।

आजादी की खातिर ही
पैटन टैंकों के सामने
पहाड़ बने महावीर हमीद।

आजादी की खातिर ही
मंगल पांडे की बंदूक ने मचाया शोर।

आजादी की खातिर ही
शहीद बत्रा के दिल ने माँगा मोर।

आजादी की खातिर ही
भामाशाह ने सबकुछ अपना
देश को सौंपा।

आजादी की खातिर ही
यातना सहते-सहते चले गये
कितने ही सागरमल गोपा।

यूँ ही नहीं मिली आजादी,
न जाने क्या-क्या खोया है!

चढ़ाना था जिसको घोड़ी,
वो युवा सीने पर गोली खाकर सोया है!

श्रृंगार के वक्त नवविवाहितों की
चूड़ियां यहाँ पर टूटी हैं;

बेटों के लिये संजोई माँ ने,
वे खुशियां यहाँ पर रूठी हैं!

गद्दारों से कर लो रक्षा

बिन तैयारी के लड़ने वाले
दाहिर सेन ने युद्ध हारा।

शब्दभेदी चलाने वाले
पृथ्वीराज ने युद्ध हारा।

सर्वस्व खपाने वाले
सांगा ने युद्ध हारा।

स्वाभिमान रखने वाले
राणा ने युद्ध हारा।

जयमल कल्ला खप गये,
फिर भी हमने युद्ध हारे।

मांओं ने थामी तलवारें,
फिर भी हमने युद्ध हारे।

इतना सबकुछ खोकर भी,
इनसे हमने कुछ ना सीखा।

देश सुरक्षित रह पाएगा,
पहले गद्दारों से कर लो रक्षा!

कौन खेल पाएगा आज यहाँ,
बाजीराव की बाजी?

नाममात्र के रह गये हैं
माँ जीजाबाई और छत्रपति शिवाजी!

इतनी जल्दी भूल गये, चाणक्य कौटिल्य को!
जो सेना को पत्थर मारे, गोली मारो उनको।

जब घड़ियाँ आगे हो जायेंगी,
यह सब भुला दिया जायेगा!

पवन का यही रुख रहेगा,
याद दिलाया जायेगा!

इमरजेंसी मीटिंग

एक बार मेडिकल की इमरजेंसी मीटिंग हुई,
सीक्रेट बात बताता हूँ, जो वहाँ हुई थी खरी-खरी।

दवा भी अपनी आजकल दिखाने लगी है बैड लक,
एक बीमारी खत्म ना होती, दूसरी यह कर देती।

दवा के कन्ट्राइंडिकेशन ज्यादा मारते रानी, मरता राजा;
कब तक चलेगी ऐसी चूक, पब्लिक हो रही जागरूक।

अब तो तुम समझ गये, नहीं हूँ मैं बकवास!
मेडिकल से आया हूँ करने को कुछ खास।

दुकान अपनी बंद करो, दवा माफिया खत्म करो;
मन में घुसे हुए वायरस, तुम सिस्टम को ना नष्ट करो।

जो कहा था मैंने, कर दिखाया!
बजा दी सभी की बैंड!
अब होऊँगा मैं सक्सेस कितना, आप पर करता है डिपेंड!

मेरी डायरी

अपने सबसे महत्त्वपूर्ण सपने को व उसको पूरा करने के लिये जरूरी कार्य-योजना (एक्शन प्लान) या अपनी सबसे बड़ी समस्या और उसको सुलझाने के लिये किये जा सकने वाले उपाय लिखिये।

॥ अंतः अस्ति प्रारंभः ॥

अंत ही प्रारंभ है!

_____

_____

_____

_____

_____

_____

_____

_____

_____

_____

_____

_____

_____

_____

_____

_____

www.ingramcontent.com/pod-product-compliance
Lightning Source LLC
LaVergne TN
LVHW061550070526
838199LV00077B/6984
9789359892177